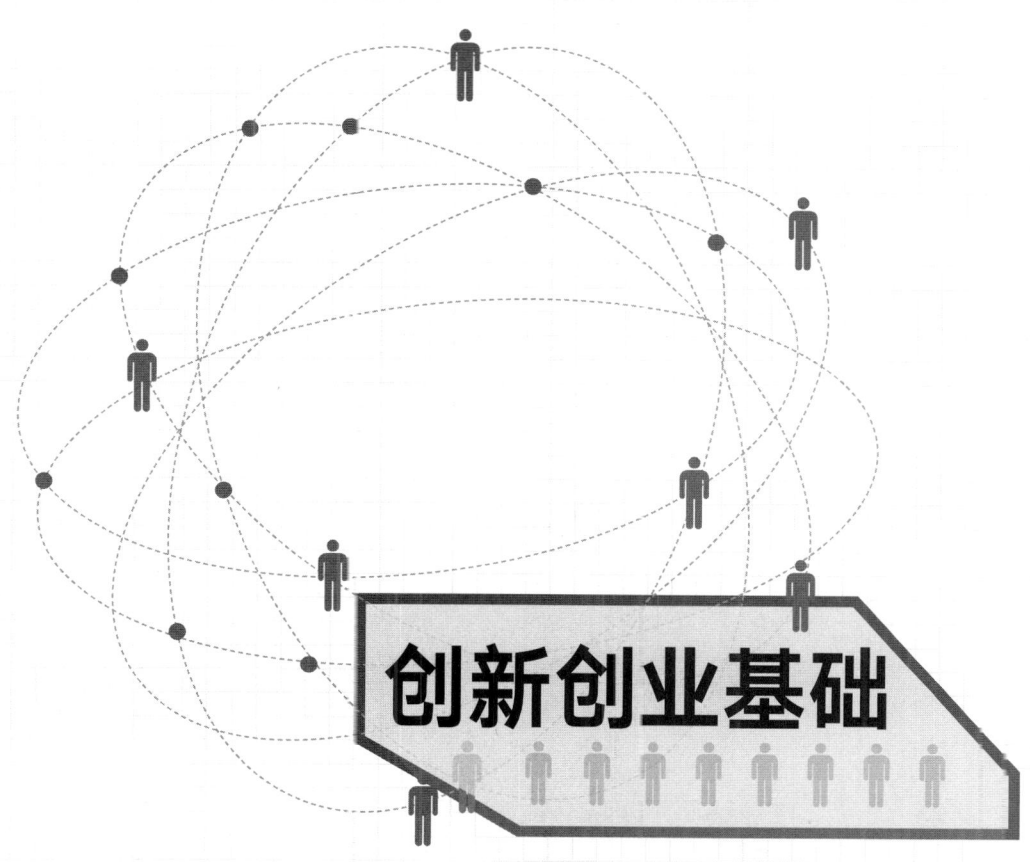

创新创业基础

主　编　石红溶　赵云君
撰稿人　（以撰写章节先后为序）

何玉军　徐建卫　石红溶　于慧君
赵云君　睢华蕾　刘红艳　于棻珍
廉高波　张书瑜　牛晓冬

中国教育出版传媒集团
高等教育出版社·北京

图书在版编目（CIP）数据

创新创业基础 / 石红溶，赵云君主编. -- 北京：高等教育出版社，2024.12. -- ISBN 978-7-04-063423-5

Ⅰ. G647.38

中国国家版本馆CIP数据核字第2024J5E581号

Chuangxin Chuangye Jichu

策划编辑	杨丽云	责任编辑	杨丽云	封面设计	杨立新	版式设计	杜微言
责任绘图	杨伟露	责任校对	吕红颖	责任印制	刁 毅		

出版发行	高等教育出版社	网 址	http://www.hep.edu.cn
社 址	北京市西城区德外大街4号		http://www.hep.com.cn
邮政编码	100120	网上订购	http://www.hepmall.com.cn
印 刷	河北鹏远艺兴科技有限公司		http://www.hepmall.com
开 本	787mm×1092mm 1/16		http://www.hepmall.cn
印 张	13.25		
字 数	260 千字	版 次	2024年12月第1版
购书热线	010-58581118	印 次	2024年12月第1次印刷
咨询电话	400-810-0598	定 价	34.00元

本书如有缺页、倒页、脱页等质量问题，请到所购图书销售部门联系调换
版权所有 侵权必究
物 料 号 63423-00

前言 >>>

习近平总书记在党的二十大报告中指出，教育、科技、人才是全面建设社会主义现代化国家的基础性、战略性支撑。必须坚持科技是第一生产力、人才是第一资源、创新是第一动力，深入实施科教兴国战略、人才强国战略、创新驱动发展战略，开辟发展新领域新赛道，不断塑造发展新动能新优势。近年来，我国在基础研究和原始创新方面不断加强，一些关键核心技术实现突破，战略性新兴产业发展壮大，载人航天、探月探火、深海深地探测、超级计算机、卫星导航、量子信息、核电技术、新能源技术、大飞机制造、生物医药等取得重大成果，进入了创新型国家行列。

在当前经济转型和产业升级的大背景下，创新和创业教育日益受到重视。为了响应时代需求，为学生提供系统的创新创业知识与技能，本书作者积极投身高校创新创业教育中，承担创新创业教学或者实践指导工作，有的已从事创新创业教育十余年。在多年教学改革过程中，逐步形成了一套完整的教学结构，并基于作者各自的专业背景，凸显了经济学与法学相结合的教材特色。教材共分十章：绪论、创新思维、创业团队、创业机会、项目运营与管理、财务预算、创业融资、公司法务、创业计划书与项目路演、新企业的创办与管理。

本书可以作为高等教育阶段创新创业基础通识课教材，也适合作为创业者的参考用书。

本书编写分工如下：
何玉军负责教材结构的调整和统筹规划；
徐建卫编写第一章；
石红溶编写第二章、第四章；
于慧君编写第三章；
赵云君编写第五章、第九章；
睢华蕾编写第六章；
刘红艳和于菊珍编写第七章；
廉高波和张书瑜编写第八章；
牛晓冬编写第十章。
由于编者水平有限，书中难免存在疏漏与不足之处，真诚希望广大读者批评指正。

编　者
2024 年 6 月 20 日

目 录 >>>

第一章 | 绪论　　// 1

第一节　创新创业的国家支持 ………………………………………… 2
第二节　创新创业与中国经济发展 …………………………………… 6
第三节　大学的创新创业教育 ………………………………………… 7

第二章 | 创新思维　　// 17

第一节　什么是创新 …………………………………………………… 18
第二节　创新思维方法 ………………………………………………… 25
第三节　创新思维模式 ………………………………………………… 32
第四节　创新思维的阻碍 ……………………………………………… 38

第三章 | 创业团队　　// 43

第一节　创业者 ………………………………………………………… 44
第二节　创业团队构成 ………………………………………………… 46
第三节　创业团队的组建 ……………………………………………… 49
第四节　创业团队的管理 ……………………………………………… 51

第四章 | 创业机会　　// 55

第一节　创业机会的识别 ……………………………………………… 56

  第二节 市场趋势和需求 …………………………………………… 59
  第三节 创业机会的评估 …………………………………………… 74

第五章 | 项目运营与管理　// 77

  第一节 商业模式 ……………………………………………………… 79
  第二节 品牌设计 ……………………………………………………… 87
  第三节 市场营销 ……………………………………………………… 88

第六章 | 财务预算　// 93

  第一节 财务会计与财务管理概述 ………………………………… 96
  第二节 财务报告概述 ………………………………………………… 99
  第三节 初创企业财务会计 ………………………………………… 106
  第四节 财务分析 …………………………………………………… 110

第七章 | 创业融资　// 119

  第一节 创业融资概述 ……………………………………………… 120
  第二节 创业融资渠道 ……………………………………………… 122
  第三节 创业融资决策 ……………………………………………… 127

第八章 | 公司法务　// 135

  第一节 公司法务概述 ……………………………………………… 137
  第二节 公司法务核心业务 ………………………………………… 141
  第三节 创业与知识产权 …………………………………………… 147

第九章 | 创业计划书与项目路演　// 159

  第一节 创业计划书的内容 ………………………………………… 160
  第二节 创业计划书的撰写技巧 …………………………………… 169
  第三节 项目路演 PPT 设计 ………………………………………… 171
  第四节 项目路演技巧 ……………………………………………… 174

第十章 | 新企业的创办与管理　　// 177

第一节　新创企业的组织形式 …………………………… 178
第二节　新创企业组织形式的选择 ………………………… 186
第三节　新创企业的注册流程 ……………………………… 189

参考文献　　// 196

附录：创新创业相关网站　　// 201

第一章

绪论

 **案例导读**

大学托举下的硅谷

1951年,斯坦福大学面临严重的就业压力和财政问题。在副校长弗雷德里克·特曼(Frederick Terman)的推动下,斯坦福大学把部分校园土地划出来建立了一个斯坦福工业园,将土地出租给企业作为办公场所,后来该工业园改名为斯坦福研究区,成为硅谷的发源地。

早在1939年,在特曼的指导和资助下,他的两个学生比尔·休利特(Bill Hewlett)和戴维·帕卡德(Dave Packard),就在一间汽车房里以538美元作为资本建立了公司,开始生产电子仪器,即惠普公司。这间汽车房此后在1989年被加利福尼亚当局定为历史文物和"硅谷诞生地"。到1955年已有7家公司在研究区设厂,1960年增加到32家,1970年达到70家。到1980年,整个研究区的土地全部被租完,有90家公司的25万名员工入驻其中。

硅谷是以附近具有雄厚科研力量的斯坦福大学、加州大学伯克利分校、圣塔克拉拉大学和圣何塞州立大学等世界知名大学为依托,以高科技领域中小公司群为基础,并拥有谷歌、脸书、惠普、英特尔、苹果、雅虎、思科、特斯拉、甲骨文、英伟达等世界大型公司,融科学、技术、生产为一体的高科技中心。斯坦福研究区成了全世界纷纷效仿的高科技产业区楷模。

第一节　创新创业的国家支持

一、"大众创业、万众创新"的政策导向

2014年是"大众创业、万众创新"在中国启动的"元年"。2014年9月，时任国务院总理李克强在夏季达沃斯论坛上提出，要在全国上下广泛掀起"草根创业""大众创业"的新浪潮，形成"人人创新""万众创业"的新态势。2015年3月，《政府工作报告》将"大众创业、万众创新"提升为中国经济转型和保增长的"双引擎"之一。为加快实施创新驱动发展战略，顺应网络时代大众创业、万众创新的新趋势，加快发展众创空间等新型创业服务平台，2015年3月，国务院办公厅发布了《关于发展众创空间推进大众创新创业的指导意见》，部署推动"大众创业、万众创新"工作，推动了一批低成本、便利化、全要素、开放式的众创空间大量涌现。

为了改革、完善相关体制机制，构建普惠性政策扶持体系，推动创新创业（以下简称"双创"）深入开展，2015年6月，国务院发布《关于大力推进大众创业万众创新若干政策措施的意见》。为落实上述意见要求，加快发展新经济、培育发展新动能、打造发展新引擎，2016年5月，国务院办公厅印发《关于建设大众创业万众创新示范基地的实施意见》，要求在更大范围、更高层次、更深程度上推进大众创业万众创新，建设一批双创示范基地、扶持一批双创支撑平台、突破一批阻碍双创发展的政策障碍、形成一批可复制可推广的双创模式和典型经验，重点围绕创新创业重点改革领域开展试点。伴随着上述政策文件的出台，地方政府也纷纷出台了支持双创的优惠政策，如通过小额贴息贷款、吸引风险投资等方式支持中小型创业企业发展。受此推动和影响，越来越多的高校、企业、科研院所、金融机构参与其中并发挥重要作用。至今，"大众创业、万众创新"在我国已走过十年历程，其理念日益深入人心。国家政策的大力推动营造了浓厚的创新创业社会氛围，也为高等学校开展创新创业教育提供了良好的外部环境。

二、支持创新创业的赛事实践

创新是国家经济增长的引擎，而人才是一切创新的源泉。如何培养创新型人才，高校在推进创新创业教育课程改革的同时，在创新创业教育实践环节上也进行着多方面的探索，其中举办各类赛事和创新创业训练项目取得了显著成效。1998年，

清华大学举行了第一届创业计划大赛,这是中国高校最早的创业实践教育活动,由清华大学所带动的创业计划大赛在中国高校风靡一时。1999年起,共青团中央等部门开始组织"挑战杯"中国大学生创业计划竞赛,此后创新创业实践教育在中国开始发展。为了促进实践教育深入开展,2007年,教育部在试点大学启动"国家大学生创新性实验计划",资助本科生开展研究性学习和创新性实验。2012年,该项目调整为"国家大学生创新创业训练计划",面向更多高校开展,分设创新训练、创业训练和创业实践三类项目。党的十八大提出实施国家创新驱动发展战略后,各级政府部门积极联动,吸引社会组织力量,不断凝聚各方有识之士,参与到创新创业实践教育中来。"挑战杯"中国大学生创业计划竞赛、模拟公司训练营、创业孵化项目评比、创业之星评选等形式多样的创新创业教育活动在各大高等院校开展。多主体协同推进的创新创业教育生态系统逐渐形成,其中影响力最大的是互联网与创新创业教育深度融合的中国"互联网+"大学生创新创业大赛。

2015年《政府工作报告》首次提出"互联网+"行动计划后,《关于积极推进"互联网+"行动的指导意见》和《关于深化高等学校创新创业教育改革的实施意见》等重要文件相继出台,提出要全面深化高校创新创业教育改革,加快推动互联网与各领域深入融合和创新发展。为贯彻落实文件精神,展示高校创新创业教育成果,2015年,教育部与有关部委在吉林举办了第一届中国"互联网+"大学生创新创业大赛。至2024年大赛已成功举办十届(详见表1-1)。中国"互联网+"大学生创新创业大赛在深化高等教育综合改革,激发大学生创造力,培养造就"大众创业、万众创新"的主力军;推动赛事成果转化,促进"互联网+"新业态形成,服务经济提质增效升级;推动高校毕业生更高质量创业就业等方面发挥了重要的示范引领作用。目前,中国"互联网+"大学生创新创业大赛是全国参赛面最广、参赛人数最多、参赛水平最高、影响力最大的大学生创新创业盛会,已经成为我国高校创新创业教育的一张名片。通过大赛培育了一大批创新创业种子项目,培养了一大批创新创业领军人才,孵化了一大批高科技大学生领军型双创企业。中国"互联网+"大学生创新创业大赛为促进大众创业、万众创新,为建设创新型国家提供了有力的人才支撑,也为世界创新创业教育提供了中国智慧和中国方案。

表1-1　历届中国"互联网+"大学生创新创业大赛（高教主赛道）[①]

届数	启动时间	决赛承办单位	大赛主题	参赛人数	冠军项目
第一届	2015年5月	吉林大学	"互联网+"成就梦想，创新创业开辟未来	32个省份1 878所高校的57 253支团队报名参赛	哈尔滨工程大学"点触云安全系统"项目
第二届	2016年3月	华中科技大学	拥抱"互联网+"时代，共筑创新创业梦想	全国2 110所高校参与，报名项目数近12万个，参与学生超过55万人	西北工业大学"翱翔系列微小卫星"项目
第三届	2017年3月	西安电子科技大学	搏击"互联网+"新时代　壮大创新创业主力军	参与高校2 241所，报名项目37万个，参与学生150万人	浙江大学杭州光珀智能科技有限公司研发的新一代固态面阵激光雷达项目
第四届	2018年3月	厦门大学	勇立时代潮头敢闯会创，扎根中国大地书写人生华章	全国2 278所高校的265万名大学生、63万个团队报名参赛	北京理工大学"中云智车——未来商用无人车行业定义者"项目
第五届	2019年3月	浙江大学	敢为人先放飞青春梦，勇立潮头建功新时代	124个国家和地区的457万名大学生、109万个团队报名参赛	清华大学"交叉双旋翼复合推力尾桨无人直升机"项目
第六届	2020年6月	华南理工大学	我敢闯，我会创	内地2 988所学校的147万个项目、630万人报名参赛；港澳台地区报名参赛项目256个	北京理工大学"星网测通"项目
第七届	2021年4月	南昌大学	我敢闯，我会创	来自121个国家和地区4 347所院校、228万余个项目、956万余人次报名参赛	南昌大学"中科光芯——硅基无荧光粉发光芯片产业化应用"项目
第八届	2022年4月	重庆大学	我敢闯，我会创	来自111个国家和地区的340万余个项目、1 450万余人次报名参赛	华南理工大学"柔化科技——高精度柔性传感器引领者"项目

---

① 中国"互联网+"大学生创新创业大赛由教育部、中央统战部、中央网信办、国家发改委、工业和信息化部、人力资源和社会保障部、农业农村部、中国科学院、中国工程院、国家知识产权局、国务院扶贫开发领导小组办公室、共青团中央等国家相关部门和承办单位所在省人民政府共同主办，由一所大学及该大学所在城市人民政府共同承办。国家相关部门构成每年略有调整。2020年更名为"中国国际'互联网+'大学生创新创业大赛"。2023年更名为"中国国际大学生创新大赛"。

续表

届数	启动时间	决赛承办单位	大赛主题	参赛人数	冠军项目
第九届	2023年5月	天津大学	我敢闯，我会创	/	北京大学跨物种肿瘤基因治疗项目

三、中国创新创业教育的发展趋势

从2002年教育部确定9所学校作为创业教育试点院校开始，经过20多年的探索与实践，创新创业教育已成为我国提升学生个人能力、增加社会就业和实现国家创新驱动发展的重要推动力。未来高校创新创业教育发展将呈现以下趋势：

第一，创新与创业日益深度融合。创新是创业的前提和基础，能够引领创业的方向；创业是创新的目标和结果，认定了创新的应用属性。中国的创新创业教育汲取了西方的教育理念和历史经验，更有着深刻的本土理论和实践土壤，逐渐呈现统一和融合的趋势，从而演化为一种新的综合化的教育模式——双创教育。

第二，由功利化教育观向非功利化教育观转变。对于高等教育而言，创新创业教育的落脚点是"教育"，"创新创业"是途径和方法。从本质上讲，双创教育是一种素质教育，其核心目标是"育人"。因此，未来双创教育会回归教育的本质属性，以培养学生的创新精神和创业能力为目标，将其贯穿于教学、管理和服务学生的全过程，并且面向全体学生。

第三，双创教育与专业教育融合发展。双创教育需要通过专业教学活动来呈现，二者相互融合与促进是双创教育的重要部分，决定着培养目标的完成程度。双创教育与专业教育融合发展能够发挥专业教育的优势，满足创业的知识和技能需要，双创教育能借助专业教育快速发展，并不断丰富专业教育的内涵，拓展专业教育的发展空间。目前部分院校已经开展了双创教育与专业教育融合的理论研究和探索实践，双创教育与专业教育融合发展也将成为创新创业教育的趋势。

第四，由专门教育向广谱教育转变。这是指教育对象由少数的经济、管理等商科学生拓展到全体学生，由针对性教育逐渐演变成广谱式教育。我国关于创新创业教育的纲领性文件，均明确强调了广谱式的价值取向，接受双创教育的学生数量会越来越多，广谱式创新创业教育是未来高校创新创业教育的又一个重要方向。

第五，亟需构建与创新创业实践相适应的课程体系。目前与创新创业实践相适应的课程体系还没有完全构建起来，在教学、实践和学生比赛等方面还缺乏有效的衔接机制。建立和完善创新创业课程和专业课程相融合的培养方案，设计理论与实践相结合的课程体系，导入分阶段、分层次和差异化的创新创业课程模块，是未来创新创业课程体系建设的努力目标。

第二节 创新创业与中国经济发展

一、创新创业与经济发展

经济学家熊彼特（Joseph Schumpeter）于1912年在《经济发展理论》一书中提出"创新理论"，阐释了经济增长的真正根源在于"创新"。其创新理论的最大特色就是强调生产技术的革新和生产方法的变革在经济发展过程中至高无上的作用。

创业是创新转化和运用的重要途径。创新通过创业实现价值转化和扩散，才能对经济增长起到促进作用，同时创业为再创新提供信息反馈和经济保障。创新创业构成循环，内嵌于经济发展的大循环中，打通循环中的技术堵点、制度壁垒或思维窠臼，推动经济体系不断吐故纳新和迭代升级，为一国经济的健康循环和经济高质量增长提供内生动力。管理学大师彼得·德鲁克（Peter Drucker）于1985年在《创新与企业家精神》中说，创业型就业是美国经济发展的主要动力之一，是美国经济政策成功的核心。英国、德国和法国等国也都相继提出创业革命。可以看到，在当今愈发激烈的国际和地区竞争中，创新创业已经成为一个国家或地区赢得竞争主动、获得发展先机的一个重要因素。

相关案例

《2021中国大学生创业报告》

由风投机构500 Global和中国传媒大学创新创业教育中心联合发起，清华大学、中国人民大学、上海交通大学、同济大学、浙江大学等10余所国内顶级高校的教授导师和多家知名企业和机构的高管参与，面向全国275个城市、1 431所高校的13 742位大学生发起了一项规模庞大的调研，并形成了《2021中国大学生创业报告》。报告显示，96.1%的大学生都曾有过创业的想法和意愿，14%的大学生已经创业或正在准备创业。新一代信息技术（5G/区块链/云计算/大数据）和互联网/移动互联网是大部分大学生看好的创业领域。大学生创业者倾向于先积累资金再去创业，比例达到54.8%。仅有20.7%的受访者认为创业应该寻求风投机构的投资，而符合风投机构眼中"准备好的创业者"仅有2.12%。可见，大学生们对创业的热情很高，但真正深入了解的仍占少数。

二、创新创业为中国经济转型发展提供强劲动力

实现经济增长在理论上有两种模式。一种是斯密型增长路径,即通过要素投入和市场拓展,依靠劳动分工和专业化,促进经济循环扩张。这种方式主要依赖资源投入驱动经济增长;另一种是熊彼特型增长路径,即通过发挥创新作用,动员现有资源和技术,借助"创造性破坏"力量,提高技术水平,实现经济循环扩张。随着我国经济发展进入转型升级的新阶段,生产要素进入深度的结构调整周期。我国农村劳动人口转移数量逐渐减少,老龄化人口增多和资本投入边际回报率递减,如果技术进步不能做出更大贡献,我国经济高增长的态势将很难持续。因此,技术创新和进步成为驱动我国经济增长和可持续发展的必要条件。

创新是一个民族进步的灵魂,是一个国家兴旺发达的不竭动力,也是中华民族最深沉的民族禀赋。党的二十大报告指出"创新是第一动力",并强调要"坚持创新在我国现代化建设全局中的核心地位"。当前,第四次工业革命的大幕已悄然拉开,我国经济正逐渐步入高质量发展的新阶段。如果说"引进和模仿"加速了我国工业化和现代化进程,使我国用短短40多年的时间,完成了发达国家上百年时间才能完成的工业化之路,那么"自主创新"将是我国赢得新一轮工业革命的必要手段。基于自主创新的创新创业将是我国经济可持续和高质量发展的"造血干细胞"和我国企业转型升级的"核心原动力",不断推动经济发展、技术进步及产业结构的转型升级,同时创造就业机会。

如何才能够实现基于自主创新的创新创业呢?对我国这样一个具有显著人口规模优势和良好高等教育基础的国家,高等学校的创新创业教育是一个重要突破口。

第三节 大学的创新创业教育

一、创新创业教育的意义

创新创业教育对社会经济发展有着深远的影响,主要具有以下几方面的意义。

第一,选拔和培养企业领袖。传统的企业领袖是在企业实战中逐渐成长起来的,这一过程漫长且候选人稀少。而随着在大学里开设创业课程并进行实战演练,通过竞赛和校园创业孵化基地的扶持,学生在校期间即可创业,可以更广泛、更快速地筛选、发现和培养企业领袖。

第二,变被动灌输为主动学习。传统的教育模式是知识先行,学生被动学习理

论知识，被灌输知识，学习目的不明确，也不清楚自己的职业规划，不了解正在学习的专业课程如何应用于实践。而在大一阶段普遍开设的创业课程，使学生在创业策划过程中认识到行业技术、会计、金融、营销、信息、管理的重要性，在随后的学习中便有了动力与方向。

第三，激发创新的创业项目。无论是学术界还是中小型企业，普遍关注大型企业的管理模式，但创新创业教育使充满活力和创造力的年轻人加入中小微规模创业阵营，他们不迷信权威，更务实，更追求个性化与重塑自我，容易产生破坏式和颠覆式的想法，在新创企业中诞生了越来越多的新产品、新服务和新管理模式。

第四，鼓励非营利性公益项目。大学培育的创业项目并不总以营利为目的。大学生有强烈的社会责任感，会主动参与诸如扶贫助农、乡村振兴、社区服务、法律普及、非遗传承、慈善事业等公益项目。大学的孵化基地往往有专项财政支持，能够充分发挥大学生的家国情怀，创办更多的公益企业。

二、国外创新创业教育

以1947年美国哈佛大学率先开设"新企业管理"课程为开端，创新创业教育已历经半个多世纪。21世纪以来，以一些世界知名大学为代表的创新创业教育对社会经济发展的贡献度越来越大，并为我们提供了有益的借鉴。

（一）美国麻省理工学院的创业基因

1861年，自然科学家威廉·巴顿·罗杰斯（William Barton Rogers）创建了麻省理工学院。其校训是知行合一，通过应用科研成果解决复杂问题。20世纪60年代，麻省理工学院的4个科研机构和3个工程系就创建了175家企业，并成功研制了世界上第一部小型计算机。1979年，麻省理工学院方圆2千米内，分布着300多家计算机相关企业。麻省理工学院的校友公司中，92%的销售额来自科技创新，这些科技公司常常诞生于实验室里。麻省理工学院校友在2000年至2006年间创办了5 800多家公司。20世纪90年代，麻省理工学院首次创业者平均年龄为30岁。多数校友在毕业后10年内创办了公司。张朝阳在麻省理工学院攻读物理学博士期间，获得媒体实验室主任尼古拉斯·尼葛洛庞帝（Nicholas Negroponte）和斯隆管理学院的爱德华·罗伯茨（Edward Roberts）的天使投资，创办了搜狐。得益于学校对创业的全方位支持，麻省理工学院扶持创业的经验成为全世界的典范，概括而言，主要包括以下几点：

（1）由高校主导"政产学研"的模式。麻省理工学院开创了由高校主导的，与政府、产业联合的创新创业模式。一方面，麻省理工学院通过接受政府、产业界的资助，与其签订合作协议来建立合作；另一方面，麻省理工学院为政府、社会培养人才和输送科研成果，不断设立新公司、诞生新产业，服务当地经济。在联邦政府的扶持下，麻省理工学院建立了能源中心、燃料电池实验室、航空系统实验室、空气压缩设计实验室等，并设有技术许可办公室，通过技术专利许可向社会输送科研成果。在政府的赠地、注资、人才落地、税收优惠等方面的扶持下，麻省理工学院的人才多数选择在本地创业，既带动了本地经济，又形成了高科技产业的聚集效应，吸引更多的创业者。

（2）"孵化器"体系。麻省理工学院认为，从创新到创业一般历经7个阶段：创意阶段、技术发展阶段、商业化计划阶段、企业计划阶段、企业形成阶段、早期成长阶段和高速增长阶段。为了适应不同阶段的需求，麻省理工学院创建了一套创业体系：鼓励发明创新的莱梅尔逊项目、媒体实验室；负责申请专利、为初创公司发放牌照的审批部门——技术许可办公室；帮助改善商业企划、组建公司的列格坦中心；通过匹配业内人士为创业者提供一对一长期指导的服务机构，以及将创业服务贯穿始终的创业中心。正是这一生态体系架起了从创新到创业之间的桥梁，不断推动麻省理工学院创新创业活动的发展。

（3）完善的创业课程。19世纪60年代，麻省理工学院的斯隆学院开设了第一门创业课程"新企业"；到2011年，其各类创业课程已超过30门。这些课程主要包括四大类，第一类介绍创业理论，如竞争战略、创业战略及管理；第二类为创业实践课程，包括如何创办新企业、组建创业团队等；第三类为创业技能课程，专注于产品的设计与开发、销售、融资、领导力和法律等；第四类为行业课程，如新能源、生物医疗、软件等。

（4）创业俱乐部。麻省理工学院的创业俱乐部超过20家。诸如麻省理工学院10万美元创业大赛、麻省理工学院清洁能源奖、麻省理工学院全球创业工场、黑客医学、麻省理工学院中国创新创业论坛、麻省理工学院斯隆国际发展企业家、创投实验室、麻省理工学院风险资本和私人股权俱乐部等。

（5）麻省理工学院10万美元创业大赛。该大赛从1990年春季举办第一届，截至2006年，共有105家企业诞生，在美国最优秀的50家高新技术公司中，有46%出自此项比赛。大赛为选手提供完备的资源，扶持的企业存活率达到64%。其中23%的企业通过IPO或者收购退出。表1-2即例举了部分麻省理工10万美元创业大赛优胜者创办企业的收购价值。

表1-2 部分麻省理工10万美元创业大赛优胜者创办企业的收购价值

公司名称	参赛年份	退出价值（百万美元）
Silicon Spice（被Broadcom收购）	1995	1 200
Direct Hit（被Ask Jeeves收购）	1998	517*

续表

公司名称	参赛年份	退出价值（百万美元）
SmartCells（被 Merck 收购）	2003	>500
Webline（被 Cisco 收购）	1996	325
Harmonix（被 MTV 收购）	1995	175**
Brontes Technologies（被 3M 收购）	2003	95
C-Bridge Internet Solutions（被 Excelon 收购）	1996	64
Mazu Networks（被 Riverbed Technologies 收购）	1995	50
NetGenesis（被 SPSS 收购）	1995	44
Firefly Networks（被 Microsoft 收购）	1995	40
Stylus Innovation（被 Artisoft 收购）	1991	13
Open Ratings（被 Dun & Bradstreet 收购）	1999	10
Optiant（被 Logility 收购）	2000	3

注：*不包括从未来产品销售中获得的专利使用费的任何估计值。
**收购之后仍能获得1.5亿美元的专利使用费。

（6）产业联盟。1948年，麻省理工学院创立了产业联盟，成为全球第一个高校与产业界开展全面合作的战略联盟。麻省理工学院研究人员与合作企业之间形成了彼此对等、相互切磋的研究伙伴关系。英特尔、苹果、波音、福特汽车、通用电气等都加入了该产业联盟。2010年，海尔成为第一个与麻省理工学院正式签约加入产业联盟的中国企业，随后华为、三一重工、中国电力科学研究院、中国国电、北京有色金属、陕西关天控股等陆续加入该联盟，开展产学研合作。

（二）荷兰埃因霍温理工大学的创业体系

1956年，荷兰还没有一所能够满足企业科技研发需求的大学，埃因霍温理工大学由此成立，以满足企业的高科技创新需求。它设立了一套包含课程体系、创业孵化器、校企合作和创业联盟等在内完整的创业体系。

（1）开设系统的创新创业课程。学校设立了32门、分3个学年修完的创新创业课程，包括可持续发展、经济学、管理学、数学、物理、数据工程、专利、新产品开发与营销等。这些课程面向本科、硕士、博士阶段学生全面开放。除了校内专职教师，还聘请了130多位校外企业家或者创新者授课。着重培养学生的企业家精神、自主创新意识和创业能力，学生即使没有在校园阶段创业，在今后的职业发展道路上也具备随时创新和创业的潜力。

（2）创立创业孵化体系。学校设立了创新实验企业孵化公司，帮助学生在创业萌芽阶段进行项目筛选；在项目落实阶段，学校提供免费的办公场所和共享实验室，帮助初创企业尽快进入实验室开展研究。

（3）开展深度校企合作，对接全球市场。学校专门为企业开办科研实验室，如飞利浦、阿斯麦和达富卡车等创新实验室；企业则为研究生提供奖学金，吸纳毕业生进入企业工作。飞利浦还开创了"人才订单"模式，为学生提供生活补贴和科研经费，要求博士生在二年级就进入企业的研究所工作，毕业后直接入职企业。

（4）"下步计划"（Next Move）。为了鼓励学生的创业项目走向国际市场，学校设立"下步计划"组织，具体内容包括欧盟委员会合作项目、青年企业家海外培训计划和高校联盟。该组织设立了一系列企业，包含孵化公司5所、为初创企业服务的公司9所、融资企业8所、发展公司14所。

（三）其他创业教育实践

在一些世界知名大学的带动下，各国逐渐认识到创业教育对国民经济的带动作用，因此加大了对创新创业的支持力度，以下是一些代表性国家、地区或国际组织在创业教育方面的举措。

（1）联合国教科文组织。1989年11月，联合国教科文组织在北京召开"面向21世纪教育"国际研讨会，提出创业教育的概念。1999年首届世界高等教育会议通过的《21世纪的高等教育：展望与行动世界宣言》中提出"培养学生的创业技能、应成为高等教育主要关心的问题"，发表的《高等教育改革和发展的优先行动框架》中提出"高等教育必须将创业技能和创业精神作为基本目标"。

（2）欧洲委员会。欧洲委员会认为，创业教育的目标应是提升创业个体的创造力、创新和自我雇用。创业教育不仅能培养学生的商业技能，而且能激发创业主体为某个不可能或太冒险的事而奋斗的动机，使个体对创业产生感知和渴望。

（3）美国。1999年，美国大约有1 100所院校开设了这一领域的课程，其中许多院校还开设了创业学或创业研究专业。2005年，美国大约有1 600所大学开设了2 200门有关创业的课程。考夫曼创业中心（The Kauffman Center for Entrepreneurship Leadership）的创业教育目标不仅是"如何创办企业"，更重要的是培养新想法和组合资源识别机遇的能力、富有远见和风险管理的能力等。

（4）英国。1983年，在英国王储查尔斯王子的倡导以及王子基金的支持下，英国启动了青年创业计划。20世纪80年代，英国政府明确提出大学必须更有效地为经济社会发展服务，各高校相继开设了创业教育课程，开展各种创业实践活动。1998年，还在大学中广泛开展创业精神教育。

（5）法国。法国政府在1979年启动了"创业资源援助计划"，1983年实施了"新企业技术革新指导计划"，为新企业提供长达20年的固定利率，从资金上扶持创新企业。法国的大学普遍开设创业课程，普及创业基础知识和创业技能，不少大学成立顾问委员会，专门对创业学生进行辅导和扶持。

（6）德国。1998年，德国大学校长会议和全德雇主协会联合发起一项名为"独立精神"的倡议，呼吁在全国范围内创造一个有利于高校毕业生独立创业的环境，一个促使高校学生独立创业的环境，使高校成为"创业者的熔炉"。2000年，德国大学校长会议提出明确要求：在今后5～10年，通过对大学生创业精神的培养，每届20%～30%的毕业生要独立创业。

（7）瑞典。瑞典将创业教育贯穿整个教育体系，从小学到研究生阶段都有创业教育。瑞典在小学教学中，将创业教育融入课程和游戏中，让创业理念根植于儿童时代。在大学阶段为学生设置的创业教育内容包括：开设创业理论课程；邀请创业成功人士为学生传授经验；成立创业教育研究会、创业中心；设立创业教育基金；等等。

（8）澳大利亚。20世纪70年代后期，迫于就业形式的压力，澳大利亚意识到创业教育对于就业的重要性，专门成立了创业教育研究中心，并在高校设置创业相关课程，将创业教育与其他学科相结合，培养跨学科的创业人才。20世纪末，澳大利亚高校的创业教育课程逐渐完善，设立案例教学、模拟创业、实践项目等课程，还邀请企业家担任创业导师，为创业项目提供实践指导。

（9）日本。2000年，日本教育改革国民大会提出了创业家精神的概念，强调创业教育应培养学生的创业家精神、生存能力和思维方式。2007年6月，日本内阁正式审议通过《创新25战略》并付诸实施。明确大学的创新创业教育，应培养和训练学生自主创业意识、创业素质和创业精神。

（10）韩国。韩国高校普遍设立"创业支援中心"，由政府和学校组成的创业投资委员会共同评价决定进入创业支援中心的项目，中心会为创业大学生提供指导老师，协助学生进行市场分析以及提供法律、财务等方面的咨询，甚至帮助筹资。

（11）新加坡。新加坡政府把创业教育确定为繁荣社会创业精神和创业文化的长期发展战略。新加坡的创业教育在政策和财政方面得到政府的大力支持，已形成一套从小学到研究生阶段系统的创业教育体系。小学阶段，通过"虚拟股份"等游戏活动培养学生的商业意识；中学阶段，引入管理企业的普及性知识课程；大学阶段，面向本科生开设创业辅修专业，面向研究生设置"创新与创业"硕士学位课程。①

三、中国高校创新创业教育改革历程

我国的创新创业教育大致经历了四个较为鲜明的发展阶段。

---

① 王强、陈姚：《创新创业基础》，中国人民大学出版社2021年版，第8—10页。

（一）高校自主探索阶段（20世纪末—2001年）

清华大学是我国高校开展创业教育的先行者。1997年，清华大学经管学院在工商管理硕士教育中引入创新创业方向课程，并于1998年举办创业计划大赛，正式拉开了我国大学生创新创业教育的序幕。1998年12月，教育部制定《面向21世纪教育振兴行动计划》，提出加强对教师和学生的创业教育，鼓励他们自主创办高新技术企业，正式回应创业教育。2000年，中国共青团开始组织创业计划竞赛，并在全国开始推行。此后各高校逐步开启了自主创新创业教育改革的探索。

（二）试点先行阶段（2002—2009年）

2002年，教育部在全国创业教育示范工作座谈会上指出，对大学生进行创业教育，培养具有创新精神、创业能力的高素质人才，是当前高等教育的重要任务。同年，教育部选择清华大学、中国人民大学、武汉大学、上海交通大学、南京财经大学、北京航空航天大学、西安交通大学、西北工业大学、黑龙江大学9所高校作为创业教育试点，开始对创业教育进行系统探索。2008年，教育部在全国范围实施新一轮大规模人才培养模式创新试点改革，设立了100个人才培养模式创新实验区，其中包含清华大学创业教育创新试验区、中山大学本科生创业教育试验区、上海财经大学财经人才创业教育创新试验区等一大批创新与创业教育类人才培养模式创新实验区，鼓励不同地区、不同类型的高校因地制宜进行人才培养模式改革。中国创业教育从高校自主探索模式逐渐过渡到政府引导下的多元发展模式。

（三）全面推进阶段（2010—2012年）

2010年5月，教育部出台《关于大力推进高等学校创新创业教育和大学生自主创业工作的意见》，明确提出"创新创业教育"概念，融创新教育于创业教育之中，为创业教育注入了新的活力，高校双创教育进入教育行政部门指导下的全面推进阶段。此后"双创教育"进入公众视野，得到快速发展。随后，《国家中长期教育改革和发展规划纲要（2010—2020年）》出台，标志着我国高校创新创业教育进一步推进。为深入贯彻落实教育规划纲要，推动高校创业教育科学化、制度化、规范化建设，2012年8月，教育部办公厅印发《普通本科学校创业教育教学基本要求（试行）》，从教学目标、教学原则、教学内容、教学方法、教学组织共5个方面对普通本科院校创业教育教学提出具体要求和遵循准则，并要求本科学校创造条件面向全体学生开设"创业基础"必修课。

（四）深化改革阶段（2013年至今）

党的十八大以来，"大众创业、万众创新"蓬勃发展，创新创业教育成为国际高等教育的重要发展趋势。2015年5月，国务院办公厅印发《关于深化高等学校创新创业教育改革的实施意见》，明确提出全面深化高校创新创业教育改革，并从完善人才培养质量标准、创新人才培养机制、健全创新创业教育课程体系、改革教学方法和考核方式、强化创新创业实践、改革教学和学籍管理制度、加强教师创新创业教育教学能力建设、改进学生创业指导服务、完善创新创业资金支持和政策保障体系共九个方面对高校创新创业教育的主要任务和措施进行全方位部署和安排。至此，双创教育被提升至国家战略层面，双创教育改革成为中国高校教育教学改革的一项重要内容。2016年以来，教育部持续开展深化双创教育改革示范高校认定工作，每年公布50所双创典型经验高校名单。2019年，教育部发布《关于深化本科教育教学改革 全面提高人才培养质量的意见》，指导高等院校不断深化双创教育教学实践，挖掘双创教育教学资源，强化创新创业协同育人效应。近年来，在一系列政策的指导和推动下，中国高校创新创业教育生态环境不断成熟，双创教育教学成果逐渐显现；不断深化的双创教育探索和实践，也带动了学生的高质量就业。

相关案例

汪某与大疆无人机

1980年出生的汪某从小就热爱航模，2003年，汪某为了实现梦想，大三时从华东师范大学退学，进入香港科技大学电子及计算机工程学系就读。

2005年，汪某在香港科技大学准备毕业课题，决定研究遥控直升机的飞行控制系统，要解决的核心问题是自动悬停。香港科技大学机器人技术教授李某湘发现了汪某的领导才能以及对技术的理解能力。在他的引荐下汪某继续就读研究生。2006年1月，汪某做出第一台样品，和当年一起做毕业课题的2位同学，筹集到200万元港币在深圳市成立了大疆创新公司。此后导师李某湘加入，不仅带来了资金，还引荐了很多他的学生。之后不久，大疆第一款较为成熟的直升机飞行控制系统XP3.1面世，迎来了发展的曙光。

2012年，大疆推出到手即飞的世界首款航拍一体机"大疆精灵Phantom 1"，撬动了非专业无人机市场，迅速占领了70%的市场份额。2016年9月，大疆在德国柏林IFA展会现场正式发布了灵眸Osmo手机云台。2023年8月，大疆正式发布首款运载无人机DJI FlyCart 30，集大载重、长航程、强信号、高智能于一身，适用于山地、岸基、乡村运输及各类应急场景下的物资运输。2023年9月，大疆正式发布DJI Mini 4 Pro全能迷你航拍机，支持全向主动避障。2024年4月，大疆官方发布两款新品：DJI Avata 2穿越机和DJI RS 4相机手持稳定器。2024年6月，大疆FC30珠峰实测6 000米稳载15千克，创造了民用无人机最高运输纪录。

胡润研究院发布《2024胡润全球富豪榜》，汪某以495亿元人民币财富位列榜单第427位。

拓展启示

习近平给中国国际大学生创新大赛参赛学生代表的回信

中国国际大学生创新大赛参赛学生代表：

  你们好！来信收悉。你们以大赛为平台，用在课堂和实验室学到的知识解决实际问题，在创新实践中增本领、长才干，在互学互鉴中增进中外青年的友谊，这很有意义。

  创新是人类进步的源泉，青年是创新的重要生力军。希望你们弘扬科学精神，积极投身科技创新，为促进中外科技交流、推动科技进步贡献青春力量。全社会都要关心青年的成长和发展，营造良好创新创业氛围，让广大青年在中国式现代化的广阔天地中更好展现才华。

习近平
2024 年 10 月 16 日

第二章 创新思维

 案例导读

16个由自然界启发的发明

创新思维是与生俱来的,但具体到一个发明创造,可能需要一个灵光乍现的时刻,而这一时刻往往来自某一个自然现象。将大自然看作启发我们发明创造的资源库,用心观察大自然,就有可能激发我们产生一个有价值的发明创造。表2-1是16个由自然界启发的发明。

表2-1 由自然界启发的发明

自然现象	发明	自然现象	发明
人的胳膊	台灯	锥形贝壳	直线发动机
猫	道路反光安全装置:猫眼	动物的骨骼结构	球状关节
海鸥	"喷火"战斗机	叶子上的露珠	放大镜
冰冻三文鱼	速冻食品	人的头骨	拱门
蜘蛛	悬浮	竹子	中空钢管
蚯蚓	采矿技术	人的脚	杠杆
花	水晶宫	人的肺	风笛
苍蝇的眼睛	教堂的拱顶轮廓	喉	管乐器

第一节　什么是创新

习近平总书记在党的二十大报告中提出加快实施创新驱动发展战略，坚持面向世界科技前沿、面向经济主战场、面向国家重大需求、面向人民生命健康，加快实现高水平科技自立自强，以国家战略需求为导向，集聚力量进行原创性引领性科技攻关，坚决打赢关键核心技术攻坚战。只有依靠创新才能把握时代、引领时代。我们要紧跟时代步伐，顺应实践发展，以满腔热忱对待一切新生事物，不断拓展认识的广度和深度，敢于说前人没有说过的新话，敢于干前人没有干过的事情，以新的理论指导新的实践。

一、创新的内涵

（一）创新的定义

古今中外对创新有不同定义。我国古代就有对创新的解释，《广雅》即有"创，始也"的释义。新，与旧相对。《魏书·卷六十二》有云："革弊创新者，先皇之志也"。《周书》有云："创新改旧"。《现代汉语词典》对创新的解释是"抛开旧的，创造新的"。

学界普遍认为"创新"一词起源于熊彼特于1912年出版的《经济发展理论》一书。他认为创新是对现有资源的重新组合，包括5种方式：新产品或产品新特性；新生产方式；新市场；新供应来源；新组织方式。按照熊彼特的观点，创新是在新技术、新发明，或者是在生产中的首次应用；是在生产体系中引进生产要素和生产条件的全新组合，能够较旧组合产生更低成本或更高利润，给经济体系带来破坏性变革和创造性重组。熊彼特的创新理论有以下几个要点：

（1）创新是经济发展的主要驱动力。熊彼特认为，创新是经济发展的主要动力，它能够推动经济体系从传统模式向新的、更高效的模式转变。

（2）创新的破坏性和创造性。熊彼特将创新分为两种类型：破坏性创新和创造性创新。破坏性创新是指通过引入新的产品或技术，取代原有的产品或技术，引起现有经济结构的破坏。创造性创新则是指通过引入新的产品、技术或组织方式，创造新的市场和机会。

（3）创新的周期性和动态性。熊彼特认为，创新具有周期性和波动性。他提出了"创新周期理论"，即创新的出现和其推动经济发展的过程中，存在着周期性的起伏和波动。

（4）创新和创业家精神。熊彼特将创新与创业家联系在一起。他认为，创新需要具有创业家精神的人才，他们愿意承担风险、追求机会并推动变革。

熊彼特对创新的定义强调了其对经济发展的重要作用，并强调创新的破坏性和创造性。他的创新理论对于理解创新如何推动经济发展，以及创新与经济周期的关系具有重要的启示意义。

德鲁克在《创新与企业家精神》一书中提出，创新是组织的一项基本功能，是管理者的一项重要职责。创新是在历史经验的基础上，系统地寻求创新机会，在新知识萌发或者在市场短缺时寻找机会。他对创新的定义主要强调创新的实际应用和对市场的影响，与熊彼特对创新的定义有所不同。德鲁克的创新理论有以下几个要点：

（1）创新是创造经济价值的行动。创新不仅仅是指新的想法或发明，更重要的是创造经济价值。创新应该能够满足市场需求，改善产品或服务，以及创造新的商业机会。

（2）创新是将资源转化为产出的过程。创新是将现有的资源转化为更有价值的产出的过程。这可以通过新的产品开发、技术应用、市场营销策略、组织管理方法等途径实现。

（3）创新是创造市场机会的行为。创新是通过发现和利用市场机会来实现的。创新者需要敏锐地观察市场趋势和消费者需求，并提供能够满足这些需求的创新产品或服务。

（4）创新需要管理和执行。创新不仅仅是创造新的想法，更重要的是将创新想法转化为实际行动和市场成果。创新需要有效地管理和执行，包括明确的目标、资源配置、团队合作和风险管理等。

德鲁克对创新的定义强调了创新对经济价值和市场影响的重要性。他的创新理论强调创新是一种实践行为，需要将创新想法转化为实际行动，并通过有效的管理和执行来实现商业成功。德鲁克的观点对于企业和组织的创新管理和实施提供了重要的指导和启示。

克莱顿·克里斯坦森（Clayton Christensen）在2010年出版的《创新者的窘境》一书中提到，创新主要包括延续性创新和颠覆性创新。延续性创新是对已有的技术作出改良或者修修补补，99%的创新都是延续性创新。而颠覆式创新会导致整个行业的技术变革，一些行业面临颠覆性技术时会被社会淘汰。在延续性创新中，技术追随者会和技术领先者一样获得利润，但是在颠覆式创新中，即使作为一切都正常运转的大企业仍然不能逃脱被淘汰的命运，甚至可能对新技术一无所知。正因如此，颠覆性产品可以价格昂贵。此外，具有颠覆性的除了产品，还可以是商业模式。除了上述分类，创新还分为四个层级：改良创新、迭代创新、复制创新、十倍创新。

虽然不同学者对创新的定义有所不同，但均有一脉相承的主旨思想。创新是指通过引入新的想法、方法、产品、服务或组织方式，创造新的价值或解决现有问题的过程或行为。创新是我们从新颖的、独特的视角分析问题，用创造、组合甚至破坏的方式形成新的产品或者商业模式。创新是随着社会进步，不断拓展对客观世界及其自身的认知，从而产生有价值的新思想、新事物的实践活动。创新思维需要对原有传统进行质疑、改造、破坏甚至颠覆。创新要求我们打破常规，树立新的商业秩序。

（二）创新的特征

创新可以涉及各个领域，包括科学、技术、商业、社会等。创新不仅仅是新颖或独特的想法，还需要在实践中得到验证并产生实际的影响。创新可以是一个新的发明、一种新的商业模式、一项改进的服务、一种新的生产方法，或者是一种新的社会组织形式等。创新必须有原创性、有价值、能经得起实践验证、能够承担风险、能够跨学科合作和不断改进等特征。

（1）原创性。创新需要有新的、独特的想法或见解，这些想法可以来自独立思考、观察到的机会、对问题的重新审视等。

（2）价值性。创新的目标是通过引入新的解决方案或创造新的价值，满足人们的需求，改善生活质量，带来经济增长和社会进步。

（3）实践验证性。创新需要在实践中得到验证，并产生实际的影响。可以通过原型测试、市场试验或实际应用来验证创新的可行性和效果。

（4）风险性和不确定性。创新常常伴随着风险和不确定性。创新者需要勇于承担风险，敢于面对不确定性，并不断尝试、学习和调整。

（5）跨学科合作。创新通常需要跨学科的合作和知识的整合。各个领域的专业知识和技能的融合可以促进创新的发展。

（6）持续改进。创新是一个不断迭代和改进的过程。创新者需要持续地反思、学习和改进，以适应不断变化的环境和需求。

创新是推动社会进步和经济发展的重要力量。在不同的领域和行业中，创新不仅可以带来商业成功，还可以解决重大社会问题，改善人们的生活质量。因此，创新被广泛认为是推动社会发展的重要引擎。

（三）创新的类型

创新的职能是把新颖性引入经济领域。经济合作与发展组织、欧盟统计署于2005年发布的《奥斯陆手册——创新数据的采集和解释指南》（第三版）把创新分为四类。

1. 产品创新

产品创新是指引入新的或改进现有产品的特性、功能、设计、材料或技术等，以满足消费者需求、改进产品性能或开拓新市场的活动。产品创新主要关注产品本身的改进和创新。产品创新可以分为全新产品创新和改进产品创新。前者是指产品用途及原理有显著变化；后者是指技术原理没有重大变化的情况下，进行功能的扩展和技术改进所取得的成果，如谷歌无人驾驶汽车、特斯拉电动汽车。

产品创新需要基于深入的市场调研和消费者洞察，了解消费者需求和行为，明确自身的竞争优势。产品创新也需要企业拥有强大的研发和设计能力，以及有效的产品开发和管理流程。通过创新的产品，企业可以实现业务的增长、市场领导地位的确立和保持持续的竞争优势。

2. 工艺创新

工艺创新是指在生产过程中引入新的工艺、技术或方法，以提高生产效率、降低成本、改善产品质量或开拓新市场的创新活动。工艺创新主要关注改进和优化产品的生产过程，以达到提高效率和降低成本的目标。这种创新可以涉及生产设备、工艺流程、原材料选择、工人技能等方面的改进和创新。通过引入新技术、自动化设备、改进生产流程、优化资源利用等方式，工艺创新可以提高生产效率、降低生产成本，并可能带来更高的产出、更高的质量和更短的生产周期。

工艺创新不仅可以用于传统制造业，如汽车、电子、纺织等行业，也可以应用于服务业和其他领域。例如，在餐饮业中，引入智能化厨房设备和自动化点餐系统，可以提高效率、减少人力成本；在医疗领域，引入数字化、机器人和人工智能技术，可以改进手术过程、提高医疗诊断的准确性。工艺创新也可以促进产业的升级和转型，推动经济的发展和可持续性。

3. 营销创新

营销创新是指在市场营销领域引入新的理念、策略、方法或技术，以创造独特的市场竞争优势，并满足不断变化的消费者需求和市场环境。营销创新涉及产品、价格、渠道、推广和品牌等方面的创新。它可以通过改进产品特性、设计个性化的定价策略、运用新的数字化渠道、采用创新的营销策略和传播方式来实现。营销创新的目标是提供与竞争对手不同的市场价值，吸引和保留顾客，并增加市场份额和利润。工业时代和反标准化的"创新2.0时代"，用户体验、个性化、定制化越来越受到企业的青睐。

4. 组织创新

组织创新是指组织内部引入新的理念、方法、流程或文化，以推动组织的发展和变革，提高创新能力和竞争力的活动。组织创新主要关注改变组织的结构、流程、文化和管理方式，以促进创新和提高绩效。

组织创新涉及组织内部的各个层面，包括战略规划、组织结构、团队协作、人力资源管理、创新文化和领导力等方面的改进和创新。通过组织创新，企业可以建立创新的环境和机制，激发员工的创新潜力，加强市场竞争力，并实现持续的发展和成功。组织创新是一个持续的过程，需要不断地学习、适应和改进。常见的组织创新有事业部制、终身雇佣制、扁平化组织形式、创新生态系统等。

二、全球创新指数

创新是解释企业、地区和国家经济绩效差异的有力因素。创新水平高的国家或地区比创新水平低的国家或地区具有更高的生产率和收入水平。一个国家或地区要想赶上领先者，就必须面对挑战，增加自身的创新活动，努力实现对领先者的赶超。全球创新指数（Global Innovation Index，GII）由世界知识产权组织、康奈尔大学、欧洲工商管理学院于2007年共同创立，是衡量全球132个经济体创新能力的指标。该指数提交给欧洲委员会联合研究中心进行独立统计和审计。全球创新指数获得了国际认可，它既是衡量创新能力的主要参考，也是决策者的"操作工具"。它反映出在全球经济越来越以知识为基础的背景下，创新驱动的经济发展与社会增长之间的联系，有助于我们掌握创新发展的全球新动态。

《2022年全球创新指数报告》从创新投入和创新产出两个方面，设置了政策环境、人力资本与研究、基础设施、市场成熟度、商业成熟度、知识与技术产出、创意产出共7个大类81项细分指标，对全球132个经济体的创新生态系统表现进行综合评价排名，部分排名详见表2-2。

表2-2 2022年全球创新指数排行榜（部分）

排名	经济体	排名	经济体
1	瑞士	11	中国
2	美国	12	法国
3	瑞典	13	日本
4	英国	14	中国香港
5	荷兰	15	加拿大
6	韩国	16	以色列
7	新加坡	17	奥地利
8	德国	18	爱沙尼亚
9	芬兰	19	卢森堡
10	丹麦	20	冰岛

《2022年全球创新指数报告》具有以下特征：

（一）展示了国际创新发展方向

2022年全球顶级企业的研发支出增加近10%，主要来自四个行业：ICT（Information and Communication Technology）硬件和电气设备；软件和ICT服务；制药和生物技术；建筑和工业金属。美国和日本的政府研发费用在减少，而德国和韩国的这一预算却在增加。

（二）显示了全球创新新格局

1. 北美洲

美国攀升至第2位，而加拿大上升至第15位。在2022年的全球创新指数指标中，美国有15项在全球取得最高得分，分别为：全球企业研发投资者、风险资本投资者、大学质量、科学出版物的质量和影响、企业无形资产强度等。加拿大在风险资本接收者、合资企业和战略联盟交易以及计算机软件支出方面得分最高。

2. 欧洲

欧洲继续拥有数量最多的创新领先者，共计15个跻身前25位。瑞士连续12年在创新方面保持世界第一。它在本国人专利申请量、软件支出、高科技制造和生产以及出口复杂性方面处于全球领先地位。瑞典排名第3位，在基础设施和商业成熟度方面处于全球领先地位，在研究人员、研发支出和知识密集型就业等指标上排在首位。德国在全球企业研发投资者方面全球领先。爱沙尼亚取得明显进步，分别在风险资本交易、ICT服务进口、新企业创建、移动应用开发等指标上的表现领跑全球，因此跻身全球前20位。

3. 东南亚、东亚和大洋洲

韩国（6）[①]和新加坡（7），跻身全球创新者前10；另有5个经济体进入前25，分别是中国（11）、日本（13）、中国香港（14）、新西兰（24）和澳大利亚（25）。新加坡、中国和新西兰今年的排名均有提升。越南在高科技进口方面领跑世界，菲律宾在高科技出口方面处于世界领先地位。

4. 中亚和南亚

印度（40）在中亚和南亚地区位列第一。伊朗（53）和乌兹别克斯坦（82）紧随其后。印度是中等偏下收入组中的创新领先者，在ICT服务出口方面继续领跑世界，并在其他指标上保持最高排名，包括风险资本接收价值、初创企业和规模化企业融资、科学和工程专业毕业生、劳动生产率增长和国内产业多元化。

伊朗在中等偏下收入组中占据第3，并且连续第二年在创新方面的表现超过了对其发展水平的预期，在商标申请量、科学和工程专业毕业生等指标上处于世界领

---

① 本节括号中的数字表示该经济体在《2022年全球创新指数报告》中的排名。

先地位。

5. 北非和西亚

以色列（16）、塞浦路斯（27）、阿拉伯联合酋长国（31）在创新方面是该地区的领先者。以色列在过去15年一直是创新领先者，在风险资本交易、拥有高级学位的女性员工、每单位国内生产总值通过《专利合作条约》（PCT）提交的国际专利申请、ICT服务出口在贸易总额中的占比方面，都遥遥领先。

阿拉伯联合酋长国正在向前30位靠拢，在企业研究人员数量和私营部门资助的研发方面继续排名前五。土耳其（37）的无形资产在全球排名第4，并在工业品外观设计、商标申请和企业无形资产密度方面表现出明显的优势。

6. 拉丁美洲和加勒比地区

智利（50）在该地区排名第一，其次是巴西（54）和墨西哥（58）。智利在高等教育入学率和新企业方面排名较好。巴西在创新产出方面取得明显进步，特别是在无形资产和网络创意等创意产出方面，商标申请和移动应用开发也表现不俗。墨西哥在创意产品出口、高科技进口和出口等指标上领先。秘鲁在小额信贷机构的贷款可用性、科学和工程专业毕业生、实用新型申请量等指标上处于全球领先地位。

7. 撒哈拉以南非洲大陆

南非（61）在该地区排名第一，其次是博茨瓦纳（86）和肯尼亚（88）。该地区的16个经济体在报告排名中有所上升。南非在市场资本化方面名列前茅，而博茨瓦纳在小额信贷机构贷款和知识产权支付等指标上有良好表现。纳米比亚（96）在教育支出方面领先全球，在人力资本和研究方面的表现远超地区平均水平。

（三）中国创新成就突出

1. 若干细分指标排名全球第一

中国的创新投入3个指标排名第1，分别是国内市场规模，提供正规培训的公司占比，阅读、数学和科学PISA[①]量表。国内产业多元化、产业集群发展情况指标排名第2。

创新性产出6个细分指标排名第1，分别是本土专利申请量、实用新型申请量、工业品外观设计申请量、商标申请量、劳动力产值增长、创意产品出口在贸易总额中的占比。

2. 世界科技集群中国独占鳌头

东京—横滨地区是全球最大的科技集群，位列第2的是深圳—香港—广州地区科技集群，北京位列第3，首尔位列第4，圣何塞—旧金山地区位列第5。

另外，上海—苏州集群位列第6，南京和杭州位列第13和第14，武汉位列第

---

① PISA，Program for International Student Assessment，即国际学生评估项目。

16，西安位列第22，台北—新竹位列第26，成都位列第29。

全球创新指数报告是全球创新的风向标。作为一名创新者，必须了解引领全球创新的区域、国家、集群，了解创新的行业或者领域，以便迅速捕捉世界创新的趋势。

第二节　创新思维方法

在运用创新思维的过程中，可以借助一些方法来激发创新。在小组或者团队讨论时，常见创新思维方法有头脑风暴法、思维导图法、综摄法、仿生学、"5W2H"法、形态分析法、SCAMPER方法、奥斯本核检表法。

一、头脑风暴法

（一）定义

头脑风暴法（Brain Storming），又称为智力激励法，是由美国创意思维大师亚历克斯·奥斯本（Alex Osborn）于1939年提出的一种激发创造性思维的方法，其目的在于产生新观念或激发创新设想。头脑风暴法分为直接头脑风暴法和质疑头脑风暴法。前者是通过专家群体决策尽可能激发创造性，产生尽可能多设想的方法；后者则是对前者提出的设想、方案逐一质疑，分析其现实可行性的方法。头脑风暴法常常是为了解决一个问题、萌发一个好创意而集中一组人同时思考某事的方式，实际上是集思广益的方法。

（二）基本原则

头脑风暴法要遵循以下原则：

（1）会前应充分准备背景材料，比如业界动态、竞争对手、技术支持、头部企业、人才储备等。背景材料准备得越充分，讨论会越顺畅，也更容易激发创新思维。

（2）主题应明确，讨论应围绕会议主题，但鼓励发散式思维，视角越出其不意越可能创新，不过不可偏离主题。

（3）应延迟评判，多用鼓励及启发式语言，少用否定或批评式语言。过早的批判会扼杀创新思维的种子。

（4）设想越多越好，鼓励利用和改善他人的设想。在多角度设想的堆砌下更容易出现创新的解决方案。

（三）典型方法：戈登法

戈登法（Gordon Method）又称教学式头脑风暴法，是者在小组讨论时，不直接讨论问题本身，而只讨论问题的某一个局部或者侧面，或者某一个细节，或者讨论与问题相关的、相似的其他问题，从外部问题讨论逐渐向核心问题收敛的方法。

相关案例

如何清扫电线上的积雪？

美国北方的冬天大雪纷飞，常常导致电线被积雪压断。于是西部供电公司召集了不同专业人士召开会议，商讨清除电线上的积雪问题。有人提出设计专用的电线清雪机，有人建议用电热来化解冰雪，也有人建议用震荡方式抖落积雪，有人提议坐在直升机上用大扫帚清扫，在不到1小时时间里，10名技术人员提出了90多条新设想。最终，通过"坐飞机扫雪"的提示，采用了利用飞机螺旋桨的风力吹落积雪的方法。最出其不意的想法，可能提供了最佳的解决思路。

二、思维导图法

思维导图（The Mind Map），又称心智图，由英国头脑基金会的总裁东尼·博赞（Tony Buzan）创建。它是一种高效的思维辅助工具，是一种主要应用于记忆、学习、思考等方面的思维"地图"。思维导图利用图文并重的树结构方式，从一个核心关键词发散引申出更多的细节，用一种发散思维的引导方式，帮助人们更清晰地理解和把握复杂的主题或问题，展示不同元素之间的关系，激发创造力和联想能力，以便于记忆和复习。它可以用手工绘制或使用专门软件制作。

思维导图呈现出放射性立体结构。思维导图能够训练人的放射性思维能力，在结构引导中促使人们展开联想，最终又将发散的思维收敛于一个集中的主题。思维导图在教育、学习、项目管理、创意设计等领域被广泛应用。通过绘制思维导图，人们可以更有效地整理思路、制定计划、进行知识归纳和创新思考。设计思维导图有助于组织和展示思维过程、构建思维框架和梳理思路。以下是一些步骤和技巧，可用于设计思维导图：

（1）确定主题。选择一个明确的主题或中心思想，它将是思维导图的核心。

（2）绘制中心节点。在纸上或电脑上绘制一个中心节点，将主题写在中心节点上。

（3）添加分支节点。根据主题，将相关的想法和关键词作为分支节点添加到主题节点的周围。每个分支节点代表一个子主题或一个相关的概念。

（4）展开分支。对于每个分支节点，继续添加相关的子节点。这些子节点可以是进一步的细分、具体事项、相关的概念等。

（5）使用颜色、形状和图标。可以使用不同的颜色、形状和图标来区分不同的概念、关系和重要性。这可以帮助我们更好地理解和记忆思维导图的内容。

（6）使用线条和箭头。使用线条和箭头来表示不同节点之间的关系和联系。可以使用直线、曲线和虚线等不同类型的线条来表示不同的关系。

思维导图应使用简洁的文字和关键词来表达思想和概念，避免过多的文字和复杂的句子。可使用加粗、下划线或高亮等方式来突出重要或关键的节点和信息。思维导图是一个动态的工具，随着思维的发展和深入，可以不断调整和优化思维导图。可以添加、删除或重新排列节点，以反映更准确的思维路径和关系。除了手绘思维导图，还可以使用专业的思维导图软件来设计和创建思维导图。这些软件通常提供更多的功能和灵活性，使我们能够更好地组织和编辑思维导图。

三、综摄法

综摄法（Synectics Method）是由美国麻省理工学院教授威廉·戈登（William Gordon）于1944年提出的一种创新思维方法，它是通过借助外部事物或已有的经验、知识等，来启发和引导人们产生新的想法和解决问题的方法。综摄法的核心思想是，在面对问题或挑战时，不要局限于传统的思维模式和自身的经验范围，而是通过对不同领域、不同事物的观察和分析，寻找它们之间的相似性、关联性或对比度，从而激发创新思维。

综摄法常常运用类比、隐喻、象征等手法，将看似不相关的元素或概念进行组合和联想，以产生新的见解和创意。例如，通过将生物学中的生态系统概念应用于企业管理中，来探讨企业内部各部门之间的相互关系和协同作用。综摄法在创新设计、问题解决、团队协作等方面都有广泛的应用。它可以帮助人们突破思维定式，开拓视野，发现新的可能性，并促进创造性思维的发展。以无声捕鼠器的发明为例，综摄法的应用步骤如下：

（1）提出问题。清晰地界定需要解决的问题或者需要创新的领域。比如怎样发明无声捕鼠器？

（2）分析问题。寻找与问题相似或者有共同特征的其他事物或者领域，这些类比可以是自然界的现象、历史事件、其他行业的实践。也即，什么生物能无声地捕猎呢？

（3）净化问题。将复杂的诸多解决方案指向一个最核心的问题。思考生物能无声捕猎的原理是什么？比如，壁虎靠变色来伪装捕食，青蛙靠舌头卷来捕猎，蝙蝠靠声波系统在黑暗中猎食，蜘蛛靠网来粘住猎物，毛毡苔靠分泌有香味和甜味的黏液来猎食。

（4）理解问题。通过以上的类比，研究这些生物的捕猎原理，而这些生物的捕猎过程都是无声地完成的，试图借用其中一种方式来发明无声捕鼠器。

（5）类比灵活运用。通过类比的启发，产生新的创意和解决方案。如可以设计入口处有倒刺，老鼠只能进不能出的捕鼠器；或者用香味引诱老鼠并将老鼠粘住的捕鼠器；等等。

四、仿生学

1960年9月，美国俄亥俄州召开了首届仿生学会议，标志着仿生学成为一门独立的学科。仿生学是通过对生物体的结构、功能和行为的深入研究，将这些自然原理应用于工程和技术的设计和创新中。这一领域的研究者们从自然界中汲取灵感，模仿动植物的各种特性，以解决人类面临的工程和技术问题。仿生学在雷达、声呐、人工脏器、自动控制器、智能机器人、自动导航器等方面已有重大成就。

鱼能够在水中行动自如，主要因为其通过鱼鳔的充气和放气来调节身体的比重，从而能上浮和下潜。利用这一原理，人类发明了潜水艇。为了减少水的阻力，还将潜水艇设计成鱼的躯干那样的流线型外观。尾鳍控制前进的方向，背鳍能够保持鱼的平衡，按照这些原理在潜水艇上设计了平衡舵。蝙蝠在黑夜的洞穴中行动极为敏捷，就是依靠回声来测距和定位的。根据回声定位原理，人类发明了雷达系统。

仿生学分为形态仿生、功能仿生、结构仿生、色彩仿生。更多的仿生学研究还在进行中。许多海洋生物如信天翁、海燕、海鸥、海龟和海水鱼都具有淡化海水的功能。对其淡化海水的结构及工作原理的研究，启发着人们不断改善旧的或创造出新的海水淡化装置。白蚁能把吃下去的木质转化为脂肪和蛋白质，对其原理的研究将会对人工合成这些物质有所启发。

相关案例

苍蝇和照相机

苍蝇的一只复眼由4 000多只小眼组成。人类根据苍蝇复眼的原理发明了"蝇眼"航空照相机，这种照相机一次能拍摄1 000多张高清晰照片。科学家根据苍蝇复眼的结构，又发明了在无月光的夜晚也能够探测到空气簌射光线的仪器"蝇眼"。

 相关案例

蝴蝶和防伪纸币

科学家研究发现大凤蝶的翅膀上有很多很小的凹槽，凹陷的底部是黄色，而斜坡是蓝色的。当阳光照射在蝴蝶翅膀上的时候，由于光的折射人眼看到的蝴蝶却是绿色的。受到这种现象的启发，人们在纸币或信用卡上也使用了这样的防伪技术。

五、"5W2H"法

"5W2H"法又叫七问分析法，其特点是简单、方便，易于理解，富有启发意义。提出疑问对于发现问题和解决问题是极其重要的。创新能力强的人，都具有善于提出问题的能力。提出一个好的问题，就意味着问题解决了一半。"5W2H"法的七个问题如下：

（1）是什么（what）？展开的问题有：问题的核心是什么？需要解决的具体问题是什么？条件是什么？哪一部分工作要做？目的是什么？重点是什么？与什么有关系？功能是什么？规范是什么？工作对象是什么？等等。

（2）怎样做（how）？展开的问题有：怎样做省力？怎样做最快？怎样做效率最高？怎样改进？怎样得到？怎样避免失败？怎样求发展？怎样增加销路？怎样提高效率？怎样才能使产品更加美观大方？怎样使产品用起来方便？等等。

（3）为什么（why）？展开的问题有：为什么要解决这个问题？这个问题的重要性和紧迫性是什么？为什么采用这个技术参数？为什么不能有响声？为什么停用？为什么变成红色？为什么要做成这个形状？为什么采用机器代替人力？为什么产品的制造要经过这么多环节？为什么非做不可？等等。

（4）何时（when）？展开的问题有：何时完成？有没有时间限制？何时安装？何时销售？何时是最佳营业时间？何时工作人员容易疲劳？何时产量最高？何时完成最为适宜？需要几天才算合理？等等。

（5）何地（where）？展开的问题有：在哪里解决这个问题？这个问题涉及的地点或场景是什么？何地最适宜某物生长？何处生产最经济？从何处买？还有什么地方可以做销售点？安装在什么地方最合适？何地有资源？等等。

（6）谁（who）？展开的问题有：由谁来解决这个问题？需要哪些人参与？谁来办最方便？谁会生产？谁可以办？谁是顾客？谁被忽略了？谁是决策人？谁会受益？等等。

（7）多少（how much）？展开的问题有：功能指标达到多少？销售多少？成本多少？输出功率多少？效率多高？尺寸多少？重量多少？等等。

5W2H是一种常用的思维方法，也是一种非常实用的管理工具，广泛用于企业管理和个人工作中。该方法的核心在于通过回答七个问题，对问题进行全面、系统的分析和思考，从而帮助人们更好地理解和解决问题。在创新创业中，试着问自己以上问题，如果能够得到很好的回答并能够解决，可能就是项目的创新所在。

六、形态分析法

形态分析法（Morphological Analysis）是由瑞士天文学家弗里茨·兹威基（Fritz Zwicky）在20世纪40年代提出的。兹威基在天文学、物理学、工程学等多个领域都有着重要的贡献。形态分析法是他为了解决复杂的工程和科学问题而发展出的一种系统化的创新方法。其核心思想是将一个复杂问题或系统分解为多个基本组成部分，也就是"因素"（Factors），然后对每个因素探索所有可能的"形态"（Morphologies），即该因素的各种实现方式或技术手段。形态分析法通过这种方式，旨在穷尽所有理论上可能的解决方案，从而为问题的解决提供广泛的思路和选择。

随着时间的推移和技术的发展，形态分析法已经被应用于多个领域，如产品设计、技术创新、战略规划等，并与计算机和人工智能技术结合，进一步提高了其在处理复杂问题时的效率和效果。形态分析法是一种结构化和系统性的创新方法，通过分析和组合产品或服务的关键要素来发现新的解决方案。这种方法强调对各个要素进行独立分析，并探索它们之间的不同组合方式，以推动创新和改进。在形态分析法中，首先需要将产品或服务分解为一系列关键要素，这些要素可以是功能、结构、材料、市场定位等。每个要素都有多种可能的形态，这些形态代表了该要素的不同实现方式或选择。

通过构建一个多维度的形态矩阵，可以系统地组合这些要素的不同形态，从而生成一系列潜在的解决方案。这个矩阵的每个维度代表一个要素的不同形态，通过交叉组合这些维度，可以产生大量新的想法和概念。对这些潜在的解决方案进行评估和筛选，以确定它们的可行性、优势和市场潜力。评估过程可以考量多种因素，如技术可行性、市场需求、竞争优势等。

形态分析法的优势在于它能够激发创新思维，突破传统限制，并系统地探索解决方案的可能性。通过构建形态矩阵，可以更加全面地考虑各个要素之间的关系和组合方式，从而发现新的解决方案和改进点。

七、SCAMPER方法

SCAMPER方法是一种创造性思维技巧，用于激发创新和改进产品、服务或流程。它代表了七种不同的思考途径：替换、组合、调整、修改、用途转换、消除和重新排序。

（1）替换（Substitution）。考虑替换现有的元素、材料或方法，以寻找更好的替代方案。

（2）组合（Combine）。考虑将不同的元素、概念或想法组合在一起，创造出新的组合。

（3）调整（Adapt）。考虑如何适应现有的解决方案，使其更适合特定情况或需求。

（4）修改（Modify）。考虑如何修改现有的元素或方法，以改进其性能或效果。

（5）用途转换（Put to another use）。考虑如何将现有的产品或服务用于不同的目的或市场。

（6）消除（Eliminate）。考虑如何消除不必要的元素或步骤，简化流程或产品。

（7）重新排序（Rearrange）。考虑如何颠倒思维或做法，以寻找新的创新解决方案。

通过运用SCAMPER方法，创新者可以在创新和改进过程中思考不同的角度，激发新的想法和创意。这种方法可以帮助打破传统思维定式，促进解决问题的多样化和创新性。

八、奥斯本检核表法

亚历克斯·奥斯本（Alex Osborn）在1941年出版的世界上第一部创新学专著——《创造性想象》中，提出了奥斯本检核表法（Osborns Check Sheet Method）。奥斯本检核表法是一种质量管理工具，用于收集和记录数据，帮助识别问题、分析原因和制定改进措施。其基本原理是通过对数据进行简单的记录和分类，以便快速发现问题和确定其出现的模式。奥斯本检核表法可以帮助企业识别问题、改进流程和提高质量。它简单易行，适用于各种行业和场景，如生产制造、服务业、健康医疗等。通过收集和分析数据，可以更好地了解问题的本质，找出根本原因，并采取针对性的改进措施，从而提高运营效率和客户满意度。

该方法主要是根据需要解决的问题或需要创造发明的对象，列出有关的问题，然后逐个核对讨论，以期引发出新的创造性设想。这些问题如表2-3所示。

表 2-3 奥斯本检核表法

序号	检核项目	描述与解释
1	能否他用	现有的事物有无其他的用途；保持不变能否扩大用途；稍加改变有无其他用途
2	能否借用	能否引入其他的创造性设想；能否模仿别的东西；能否从其他领域、产品、方案中引入新的元素、材料、造型、原理、工艺、思路
3	能否改变	现有事物能否做些改变，如颜色、声音、味道、式样、花色、音响、品种、意义和制造方法；改变后效果如何
4	能否扩大	现有事物能否扩大适用范围；能否增加使用功能；能否添加零部件；能否延长它的使用寿命，增加长度、厚度、强度、频率、速度、数量
5	能否缩小	现有事物能否体积变小、长度变短、重量变轻、厚度变薄，以及拆分或省略某些部分（简单化）；能否浓缩化、省力化、方便化等
6	能否替代	现有事物能否用其他材料、元件、结构、电力、设备、方法、符号、声音等替代
7	能否调整	现有事物能否变换排列顺序、位置、时间、速度、计划、型号；内部元件能否交换
8	能否颠倒	现有的事物能否从里外、上下、左右、前后、横竖、主次、正负、因果等相反的角度颠倒过来使用
9	能否组合	能否进行原理组合、材料组合、部件组合、形状组合、功能组合和目的组合

利用奥斯本检核表法，可以产生大量的原始思路和原始创意，对人们的发散思维有很大的启发作用。当然，运用此方法时，还要注意几个问题：一是要和具体的知识经验相结合，因为该方法只是提示了思考的一般角度和思路，而思路的发展还要依赖人们的具体思考；二是结合改进对象（方案或产品）来思考问题；三是可以自行设计大量的问题来提问，而且提出的问题越新颖，得到的主意越有创意。因此，奥斯本检核表法也被称为"创造技法之母"。这种方法适用于各种类型和场合的创造活动。

第三节 创新思维模式

创新思维模式是指那些能够帮助个人或团队产生新想法、解决问题和发展新策略的思考模式。创新思维是指用一种新的或不同的方式思考问题，目的是产生新的见解或解决方案。这通常涉及打破传统思维模式，超越现状，以及开发出原创的想法和方法。要培养创新思维习惯，需要我们保持强烈的好奇心，能够发散思维、跨界融合，善于运用六项思考帽等方法，并付出持续努力。

一、强烈的好奇心

爱因斯坦（Einstein）曾经说过："重要的是不要停止问问题。好奇心的存在自有其道理。当人们思考永恒、生命和现实的神奇结构的时候，人们只能表示敬畏。每天去理解一点点这些神秘的东西就已经足够了。永远不要失去神圣的好奇心。"好奇心会驱使我们不盲从，不迷信权威。好奇心促使我们透过现象看本质，只有看到事物的本质，才能从根本上解决问题。独立地思考，认真地质疑。当我们拥有强烈的好奇心，会像一个孩子一样睁大双眼看事物。带着好奇和浓厚的兴趣去倾听，为产生想法而阅读。孩童般的好奇心和开明的头脑，是一个创新者的必备条件。保持强烈的好奇心需要不断地探索、学习和尝试新事物。

（1）持续学习。不断学习新知识和技能可以激发好奇心，并让我们不断追求更多的知识。当我们掌握了越多的知识，就越充满好奇和求知欲。

（2）探索新事物。尝试新的活动、去新的地方、结识新的人可以帮助我们扩展视野，激发好奇心并想要探索更多。

（3）提出问题。保持质疑和探索的态度，不断提出问题并寻找答案。

（4）保持开放心态。接受新的想法和观点，不断开拓思维，让自己保持对新事物的宽容和接纳，而不是因循守旧。

（5）挑战自己。尝试挑战自己的舒适区，尝试新的挑战和经历，以激发好奇心。

二、发散思维

发散思维又称辐射思维、扩散思维、放射思维或求异思维，是从一个目标或思维起点出发，沿着不同方向，顺应各个角度，提出各种设想，寻找各种途径，解决具体问题的思维方法。发散思维是一种动态的并有多维度多层次的空间思维，在创造性活动中能够发挥重要的、积极的作用，能够把创新思维推向一个更高的层次，获得解决问题的更好途径。

著名的心理学家吉尔福特（Guilford）指出："人的创造力主要依靠发散思维，它是创造思维的主要部分。"发散思维对问题从不同角度进行探索，从不同层面进行分析，从正反两极进行比较，因而视野开阔，思维活跃，可以产生出大量的独特的新思想。发散思维具有流畅性、变通性、独特性、多感官性的特点。发散思维呈现出多维发散状，能够产生众多的可能性和答案，而不是仅仅局限于一个固定的答案或解决方案。

假设你在家中看到一把椅子，按照常规思维，你可能会认为它只是一个用来坐的家具。但是，运用发散思维，你可能会想到这把椅子除了可以坐之外，还可以用来放置物品、作为宠物的小床、作为孩子绘画时的画板、作为装饰品钉在仓储商超的墙壁上、改造为艺术品，甚至可以作为篝火晚会燃烧的木材等多种用途。这就是发散思维的典型表现，即能够从一个对象或问题中看到多种可能性和用途。

在解决问题时，发散思维也非常有用。比如，面对一个复杂的问题，常规思维可能只能提供有限的解决方案，而发散思维则可以从多个角度、多个领域进行思考，产生更多的创意和想法，从而找到更好的解决方案。这种思维方式不仅有助于解决问题，也有助于培养创造力和创新能力。

发散思维具有以下形式：

（1）立体思维。思考问题时跳出点、线、面的限制，立体式思考问题。

（2）平面思维。以构思二维平面图形为特点，如用一支笔一张纸一笔画出圆心和圆周。

（3）侧向思维。从与问题相距很远的事物中受到启示，从而解决问题。

（4）多路思维。解决问题时不能只热衷于一种方法，而是从多角度、多方面思考，这是发散思维最一般的形式（逆向、侧向、横向思维是其中的特殊形式）。

三、组合思维或跨界融合

如果你将某些看似毫不相干的想法或者事物进行了有价值的组合，那么你就成为创新者。创造是从已有事物开始的，两个领域之间的联系越不明显，就越可能成为创新者。很多的发明与发明家的职业大相径庭，表2-4就是一些典型例子。

表2-4 发明与发明家的职业

发明	发明家的职业
圆珠笔	雕刻家
安全剃刀	旅行者
柯达胶卷	音乐家
停车计时器	新闻记者
气胎	兽医

假设某影视公司要拍摄一部在全球上映的动画片，你需要为这部动画片设计一个卡通形象。你的脑海中浮现的是那个逃窜了100年的米老鼠，还是海绵宝宝的板牙？抑或那个无辜呆萌的机器猫？还是图图的大耳朵？又或者是有些惊悚但又充满

温情的无脸男？或许更多……在设计过程中你可能会无意识地提取这些特征：单眼皮、大鼻子、圆滚滚的身材、毛茸茸的尾巴或者灵动的眼睛。也许你会觉得这些元素太普通，想来点特别的，也许有人喜欢猛犸象或花栗鼠的某个元素，你们小组经过各种奇特的排列组合，很快就能设计出一个全新的卡通形象。而这个卡通形象就是你们的创新成果。由此可见，创新过程可以是对已知元素的重新组合。

组合思维，又称合向思维，是指人们把两种或两种以上的原理、方法、技术及构思，或是仪器、设备、材料及物品等适当地组合融合在一起，从而使之变成彼此不可分割的新型的整体的一种思考方式。商业模式中也有很多的组合实例。例如，牙膏+中医药=药物牙膏；电话+电视机=可视电话；电动自行车；全自动洗衣机。智能手机也是将电话、计算机、照相机、GPS等多种功能集合在一个设备中。组合思维要求有广博的知识、丰富的实践经验、灵通的市场信息，要善于积累、勤于思索，将思维触角向四处延伸，引发"共振"从而产生效益倍增的效果。

相关案例

维可牢粘扣的诞生

当瑞士科学家乔治·德·米斯特劳（Georges）散步通过田野时，发现在衣服上经常有一些带刺的苍耳果实。他注意到，这些刺有很小倒钩，所以能附着在衣服纤维线上。他对这些进行了模仿设计，以便将物体彼此连接起来——维可牢粘扣从此诞生了！创新越来越表现出跨学科特性。很多发明创造，并不是全新的事物，而是对已有事物的重新组合。

跨界融合还要求创新者拓宽自己的关联范围，有越多来源的人就越具有创造性。创新者需要尽可能地了解这个世界有多少元素，所以需要不断学习，拓宽知识边界。以下是一些拓宽自己关联范围的方法。

（1）建立多元化社交网络。主动与来自不同背景、行业和领域的人建立联系。通过参加社交活动、加入兴趣小组或参与在线社区、志愿者活动、行业活动等方式来结识新朋友，并扩大我们的社交网络。

（2）学习新技能和知识。通过学习和掌握新技能，可以与更多领域的人建立联系。了解新技术、行业趋势和前沿知识，将使我们更具竞争力，并吸引更多志同道合的人。

（3）主动参与合作项目。参与跨领域的合作项目，可以帮助我们与不同领域的人建立联系。通过共同完成任务、分享经验和资源，我们可以加深彼此之间的了解和合作。

（4）拓展国际市场。对于企业和组织而言，拓展国际市场是拓宽关联范围的重要途径。通过参加国际展览、建立海外分支机构或开展国际贸易，我们可以与全球范围内的合作伙伴建立联系。

（5）利用社交媒体和数字平台。社交媒体和数字平台是拓宽关联范围的强大工具。利用这些平台，充分学习和吸取各行各业的知识，我们可以与世界各地的人建立联系，分享观点和经验，并吸引更多关注和支持。

（6）培养跨文化沟通能力。拓宽关联范围通常需要与来自不同文化背景的人进行交流。因此，培养跨文化沟通能力至关重要。了解不同文化之间的差异和共同点，尊重他人的观点和习惯，将有助于我们更好地建立联系和合作。

（7）在阅读中激发灵感。阅读是与作者的思想碰撞，常能激荡出灵感。如果感到灵感枯竭，那么就去阅读，在阅读中或许会迸发出很多新的想法。阅读能刺激并培养我们创造性思考的能力。如果有超出常人的见识，就很容易创新。如果在书中见过赤潮藻的浮游生物，我们就不会嘲笑一个小朋友将海面画成红色。

组合思维和跨界融合思维可以帮助我们建立创新思维模式。使用融合、嫁接、跨界应用的方法往往能够获得创新的解决方案。

四、六项思考帽

六项思考帽是一种创新思维工具，是由爱德华·波诺（Edward Bono）博士在19世纪80年代中期提出的思考工具和决策技术。这种方法通过模拟六种不同类型的思考来帮助个人或团队更有效地解决问题。因此，爱德华·波诺被誉为20世纪改变人类思考方式的缔造者，是创造性思维领域和思维训练领域举世公认的权威，被尊为"创新思维之父"。

六项思考帽的每一顶"帽子"都代表了一种特定的思考角色，允许参与者从多个角度探索一个主题或挑战。使用这种技术时，参与者可以在讨论的不同阶段戴上不同颜色的思考帽，这有助于我们跳出自己的思维惯性，进而促进更有效的决策和创新。

（1）白色思考帽，代表客观和中立的思考，关注客观的事实和数据。戴上这顶帽子的人会专注于数据、事实和信息的分析，而不涉及个人观点或解释。

（2）红色思考帽，代表情感和直觉。使用这顶帽子时，参与者可以自由表达自己的感受和直觉，不需要提供理由或解释。

（3）黑色思考帽，代表谨慎和批判性思考，指出风险、问题和潜在的困难。戴上黑色帽子的人会尝试寻找想法中可能存在的弱点、缺陷或风险。

（4）黄色思考帽，代表乐观和积极性思考，寻找优点、好处和积极的方面。这顶帽子鼓励参与者探索一个想法或情况的潜在价值、收益和优势。

（5）绿色思考帽，代表创造性和建设性思考，提出创新的想法、建议和可能性。戴上绿色帽子的人被鼓励进行创意思维，提出新想法，鼓励参与者提出新的观点和建议，思考可能的解决方案和替代方案。

（6）蓝色思考帽，代表控制和组织思考，控制和组织整个思考过程。这顶帽子主要由引导讨论的人戴，负责整理会议的流程，确保使用其他五顶帽子的思考过程得以顺利组织和进行。

通过佩戴不同的"帽子"，人们可以更加全面、系统地思考问题，避免思维的片面性和局限性。这种方法不仅适用于个人思考，也适用于团队讨论和集体决策，有助于提高团队的创新能力和决策质量。六顶思考帽避免了思维的混乱和冲突，全面地考虑问题的各个方面，提高了团队协作和沟通效率。它在很多领域都有应用，如会议讨论、问题解决、决策制定等。

五、持续努力

机会只给有准备的人。当你想要解决一个问题，可能需要将大量的时间精力花费在相关工作上，可能不会很快看到回报，甚至中途会产生懈怠与放弃的念头，但你必须始终记得最初的问题。真正的解决方案可能需要长期的知识积累，也可能在不经意的某个瞬间给你启发，所以不要轻易放弃，并为一个目标持续努力。要愿意将大量的时间精力投入在看似没有收获的工作上，不是每一个努力工作都能换取灵光乍现，灵感往往出现在不经意之间，此时你要敏锐地捕获它。格雷厄姆·沃拉斯（Graham Wallas）在1926年出版的《思考的艺术》一书中提出思想种子的萌芽会经历四个阶段：准备阶段、酝酿阶段、启发性阶段和证实阶段。根据沃拉斯的观点，创造性思维的第一个特点就是专心致志，完全沉浸在一个特殊问题或事件之中（准备阶段）。接下来，有意识地将注意力从主题转移，这可能是很偶然的，也可以是设计好的（酝酿阶段）。有时候，当思想接受批判性检验时，智慧之光或直觉会突然闪现（启发性阶段），然后会对先前的想法进行修改（证实阶段）。

培养积木式思维是指随时记录和积累，就像孩子搭积木一样。当足够多的积木碎片堆积在一起，才可能拼凑出一个完整的作品。所以，要形成创新思维，就要收集足够多的想法。思维积木的搭建需要仔细观察，随时记录。让自己拥有洞察的眼睛。只有具备明察秋毫的习惯，才能发现常人不能发现的事情。而这些隐藏的闪光点，往往就是创新的源泉。你可能常常有这种经历：午夜梦回忽然有了一个好的解决问题的方案，但清晨你便忘记得一干二净。灵感往往是一瞬间的事情。创新思维往往来自非刻意的思考，但也许它恰恰是解决某个问题的创新之举。随时记录下某一时刻的想法，写下一句名言、一段文字、一则事实或者一条信息，这是对它们进行沉思并且将它们内化为自己的知识从而使其成为自己一部分的方式。想象一下，你的笔记本就像一个积木收纳箱。当你感觉陷入创新僵局时，开始拼凑它。你可以在各种组合事物或互相联系的事物里找到新的想法或者思路。不要忘记在你的个人收集中添加一些激励性的名言、故事和实例，因为创造性思考需要激励、鼓励和启发。随着思维积木越来越多，你的思考就会越来越有创造性。

创新是一个持续积累的过程。今天的学习和思考是为明天的创新奠定基础。许多创新的最初版本都是简单的、生硬的，甚至不切实际的，但是经过不断积累和改良，最终得到市场的认可。

除此之外，还有诸多创新思维方法，比如批判性思维，是通过分析、评估和重构思考过程来提高思维的清晰度和合理性，有助于识别问题和提出创新解决方案。反向思维，是从问题的相反方向思考，以发现新的解决方案。联想思维，是指通过将看似不相关的概念或想法联系起来，激发新的创意。蓝海战略思维，是创造一个没有竞争对手的全新市场空间（蓝海），从而避开竞争激烈的市场（红海）。这些思维方式可以独立使用，也可以相互结合，以适应不同的创新挑战和环境。通过培养和应用这些思维方式，可以有效地促进创新，并解决问题。

第四节　创新思维的阻碍

很多人在经过深思熟虑之后终于有了一个创业的好主意，去网络搜索时却发现已经存在了；当发现一个商机，摩拳擦掌准备大干一场时，发现市场上已经有了类似的产品。于是沮丧地得出结论：我不是一个有创新意识的人。是我们潜意识里见过那些已经存在的商品吗？不是潜意识，是在成长过程中实际见过的，只是没有特别记住罢了。我们的创新思维总是受限于自身成长历程、教育、环境等。一些固有思维就像缰绳，牢牢拴住我们的创新意识，阻碍了我们的创新思维。

一、自我参照标准与过度批判

自我参照标准（Self-reference criterion，SRC），是指无意识地参照个人的文化价值观、经验和知识作为决策的依据。自我参照标准妨碍了真实的评价，从而降低了对外部市场的洞察能力。面对一系列事实，我们总是过度依赖生活中所积累的知识（这种知识是自身文化的历史产物），自发地做出反应，很少停下来对某个反应加以质疑。在遇到问题的时候，往往是本能反应或者是潜意识反应，并根据自我参照标准寻求解决问题的办法。然而，我们的反应或者潜意识已经深刻烙印着过去的所见所闻。对创新产品的定义，应来自潜在消费者，而不是来自营销者或者产品开发者。营销者和产品开发者对产品创新程度的定义，往往会陷入自我参照标准的偏见。

自我参照标准的直接后果就是"思维警卫"和过度批判。德国心理学家和教育家约翰娜·席勒（Johanna Schiller）提出了"思维警卫"的概念。当创新思维出现的时候，我们的思维警卫就会站出来，坚守固化思维的阵地。

（1）思维警卫。我们在思维中安置了"警卫"，导致过快地批判不成熟的想法。过度批判和过快批判像是春天里寒冷的霜冻，它会冻死种子和叶芽，因此扼杀创新的种子。如果我们让"批判警卫"放松一下，让这些思想从容地进来，可能会产生更多有建设性的想法。在我们还没建立创新思维之前，要接受其他丰富的想法，然后把它转换成我们的解决方案。

（2）过度批判。我们习惯于在被批判中自我反省。但过度批判容易错失好的想法、方向和解决方案。在创新思维的探索和尝试过程中，过度批判会导致止步不前并对创新产生畏惧和防御。因此创新思维要求我们延迟批判，用"很好，如果……会不会更好"的方式来讨论问题，用建设性态度提出改进。面对不确定的、复杂的，甚至是杂乱的事物时，要多一些耐心。钥匙串上的最后一把钥匙往往才是能打开门的那一把，而我们总是在尝试那一把之前选择了放弃。

自我参照标准会以自己的认知作为评判标准，并导致不假思索的即刻批判和过度批判，从而扼杀创新的种子。约翰娜·席勒说：我在进行创造性思维的时候，思维能力会把门口的警卫撤走，允许思想杂乱地涌进来，这时大脑才察觉并审查这些繁杂的思想，这时创新思维会迸发出来。

二、市场因素

市场因素主要体现在如下方面：

（1）无市场需求。创新从本质上讲，通常具有两面性。并不是任何产品都需要不断创新，也并不是所有的企业都有足够的耐心和实力支持人们接受创新。微波炉最初是在20世纪50年代引进美国的，但是花了近20年才得以普及。对有些已经建立起忠诚度的产品，迭代产品越新颖，往往也越难让市场立刻接受。比如，美国的混合动力型汽车虽然深受消费者欢迎，但经销商并不喜欢，因为其性能太好几乎不需要什么维护，经销商的售后服务收入因此下降。此外，满足混合动力型汽车要求的基础设施建设往往十分昂贵，因此一些人认为该技术不适合美国，而适合那些现有基础设施不完善的国家，他们可以直接放弃老式燃油汽车而选用混合动力型汽车。

（2）辅助技术不成熟。许多重要技术岗位的科学家也无法创造出创新产品，或者无法实现自己的创新。在许多情况下可能是不具备商业条件，可能是市场上还不具备规模化的需求，也可能是产品的互补因素或者扶持因素不够成熟。意大利著名画家达·芬奇（Da Vinci）在15世纪就已有飞行器的设想，并设计了飞行器的图纸，但当时没有合适的材料和能够飞行的动力技术。直到1876年德国发明家奥拓（Otto）发明了内燃机，才使飞行器成为可能。1903年，莱特兄弟发明了飞机。因此，好的创意不一定能实现创新。飞机从创意到产品的问世，经历了几百年。

（3）市场各自为战。不同领域的研究人员之间不能有效地沟通，阻碍了创新的实现。实现一个创新产品，或者解决一个社会问题，需要多领域的合作，相互扶持与推动。

（4）无法满足高端市场需求。创新者通常专注于为大众市场提供低成本产品或服务，而无法满足高端市场的高质量、高性能需求。这给后来者提供了进入高端市场的机会，从而挤压创新者的市场份额。

三、创新者的窘境

克里斯坦森（Clayton Christensen）在他的著作《创新者的窘境》中提出了创新者可能面临的窘境和困境。

（1）过度专注于现有客户和需求。创新者往往过于关注现有客户的需求，而忽视了新兴市场和潜在消费者需求。这种过度专注可能导致错过了创新机会，被后来者利用并创造新的市场。

（2）忽视新技术的潜力。创新者可能忽视了新技术的潜力和应用，因为新技术通常在初期并不成熟或无法满足现有标准。然而，这些新技术在后来可能得到了改进和应用，从而取代了传统产品或服务。

（3）沉迷于过去的成功。创新者往往沉迷于过去的成功和现有的业务模式，无法及时转型和创新。过度自信使他们轻视革新，丧失了对新兴市场和新技术的敏锐洞察力，从而错失了创新机会。

（4）组织和文化障碍。创新者可能面临组织内部和文化上的障碍。传统的组织结构和文化可能阻碍了创新的实施，创新者需要推动组织变革和创新文化的建立。

（5）简单迭代。简单的改良、迭代、升级，或者只是为了降低成本的产品更新，都不是真正的创新。市场需要引领时代的创新产品，这种创新是不寻常的，是在技术上、外观上、商业模式上有本质创造的创新。克里斯坦森也指出，创新者可能在发展过程中裁剪创新，即削减创新的特性和功能，以满足成本和时间的压力。

然而，这种裁剪可能导致创新产品无法满足市场需求，从而失去竞争力。

创新者需要警惕自身认知的局限，避免让自己陷入创新者的窘境，并及时采取行动来克服障碍，以保持创新能力和竞争优势。

 拓展启示

让创新思维成为习惯

创新思维是一种能够激发个体创造力、推动社会进步的重要思维方式。在当今快速变化的社会环境中，创新思维已经成为一种不可或缺的能力。创新不仅仅是新技术或新产品的产生，更是一种思维方式和工作方法，涵盖了对问题的重新定义、寻找新的解决方案以及勇于尝试和接受失败的态度。

培养创新思维，可以引导我们在学习和生活中不断探索、实践和创造。首先，激发我们的好奇心和求知欲，鼓励提出问题、勇于挑战传统观念和固有思维模式。其次，培养跨学科思维能力，将不同学科的知识和技能进行整合和应用，以解决复杂的现实问题。通过跨学科学习和项目实践，训练系统思维和综合分析能力，为未来的创新工作打下坚实的基础。我们要努力成为具有创新精神和创新能力的优秀人才，成为未来社会发展的重要推动力量，为构建创新型国家和社会作出积极贡献。

第三章

创业团队

 案例导读

"携程四君子"的创业故事

携程是一个在线旅游服务平台，于1999年5月正式成立。在携程的创业团队中，沈某鹏担任董事长兼CFO，梁某章担任CEO，季某担任总裁，范某担任执行副总裁，他们并称"携程四君子"。携程的创业团队以其优势互补、卓越的领导力、创新能力和团队合作精神，成功将携程打造成为全球领先的企业，于2003年在纳斯达克成功上市，2021年于港交所挂牌上市。

梁某章13岁时即以"电脑小诗人"闻名，复旦大学少年班毕业后赴美留学，21岁获乔治亚理工学院电脑系硕士学位。之后曾在美国甲骨文公司研发部工作，后调任中国区咨询总监。

沈某鹏15岁时获得全国奥数竞赛一等奖。1985年，沈某鹏成为首批免试入学上海交通大学的学生。大学毕业后沈某鹏前往美国哥伦比亚大学数学系留学。1990年，他转而报考耶鲁大学商学院。1992年，沈某鹏从耶鲁大学商学院毕业，获得MBA学位。之后他进入花旗银行华尔街分行工作。1994年，沈某鹏回到中国，入职雷曼兄弟亚洲公司，负责投资银行项目。后转投德意志银行并担任董事兼中国资本市场主管，负责中国的债务资本市场，是红杉资本中国基金创始人，著名创投人。

范某毕业于上海交通大学，先后获得学士和硕士学位，曾就读于瑞士洛桑酒店管理学校。曾任上海新亚酒店管理公司副总经理，上海旅行社（上海新亚国旅）、大陆饭店总经理等职务。

季某毕业于上海交通大学，先后获得学士学位、硕士学位，是华住集团创始人兼董事长，汉庭连锁酒店创始人，如家快捷酒店联合创始人。

第一节 创业者

一、创业者的潜质

创业者往往具备一些共同的个人潜质，也可能在学习和创业过程中形成了一些素养。总体来说，创业者应具备以下四方面的能力素养。

（1）承诺和决心。大部分创业者都要有对愿景的承诺和创业成功的决心。创业者常常承受着巨大而持续的压力，要确保企业度过初创阶段，能够生存下来并持续成长。他们需要将时间、情感等投入到企业中，做出个人牺牲。创业者的承诺可以通过多种方式来衡量，如是否愿意将大部分净资产投入企业、是否愿意减薪换取部分所有权，以及是否愿意在生活方式和家庭环境上做出牺牲等。

（2）勇气。创业者必须是一个勇敢的实践者。勇气意味着反叛传统、挑战现状并持续地努力，无所畏惧于尝试失败和可能带来的风险。换言之，勇气是一种坚韧不拔的精神，不被恐惧左右，但也不意味着对潜在后果漠不关心或轻易忽视。创业者会通过对市场的充分调研和判断，对创业项目持有乐观的态度。即使有风险，或者对潜在风险的认知很模糊或不确定，仍有尝试的勇气。

（3）领导力。成功的企业家应善于解决冲突。经营一家成功的企业需要处理各种人际关系，包括客户、供应商、财务支持者、债权人、合作伙伴等。企业内部需要有"英雄创造者"这一关键特质，培养成功的创业型经理人，他们能协调意见分歧，集中注意力实现共同目标。

（4）对机会的洞察与把握。成功的创业者注重市场机遇，而非只关注金钱、资源或人际关系。他们以机遇为先导，资金为辅助。这些创业者屡创新业，即使已创办成功企业，仍会开设新公司。他们拥有财富，但像艺术家、科学家、运动员和音乐家一样，追求新发现，把握新机会。

二、创业者的误区

谁可以成为创业者？一些常识性的错误认知可能会阻碍创业的道路。以下是一些普遍性的错误认知和纠正性的解读。

错误认知一：创业是天生的，不是后天培养的。纠正性解读：尽管创业者天生具备一定的天赋、创造力和活力，但这些天赋本身宛如一盘散沙或未描绘的画布，需要重塑和绘制才能成就一个好作品，否则再好的天赋也抱憾成为"伤仲永"。一个成功的创业者需要积累相关技能、知识、经验，同时还需进行大量的自我修炼。因此，经过后天的训练和培养，谁都有机会成为一个成功的创业者。

错误认知二：创业者都是赌徒。纠正性解读：成功的创业者在承担风险时是非常谨慎的，会精心测算风险的大小。他们试图通过与他人分担风险、尽量避免风险或将风险最小化，以提高成功的概率。他们经常把风险分成更小、更易承受的部分，然后再投入时间和资源。他们不会有意去承担更多的风险以及不必要的风险，但也不会去逃避不可避免的风险。

错误认知三：创业者只想表现自己。纠正性解读：个人能力有限，如果创业者拥有并掌控整个创业过程，实际上是给企业增长设置了一个上限。单打独斗的创业者通常只能维持简单的生计。通过一个人的努力来发展一个具有高潜力的企业是极其困难的。具有高潜力的创业者通常会组建团队，完善组织架构，从而推动公司成长。创业者要努力与别人一起把"馅饼"做大，而不是仅仅占有最大的一块"馅饼"。

错误认知四：创业者是自己的老板，且是完全独立的。纠正性解读：现实中的创业者绝不是独立的，他们必须服务于许多利益相关者，包括合作伙伴、投资人、客户、供应商、债权人、雇员、家庭成员等。因此，创业者要有团队意识，团体作战才能将企业做大做强。

错误认知五：一旦创业失败，再次创业就不可能获得投资。纠正性解读：有勇气的创业者是看到机会而创业，并不是为了谋生或者迫不得已才创业。善于观察和对市场有敏锐嗅觉的人不会只看到一个机会，因此即使创业失败了，创业者不会失败，会捕捉下一个创业机会。恰恰是失败的烈火锻造了坚毅的创业者。而失败带来的经验使下一次创业更成熟。

错误认知六：资金是创业最重要的资源。纠正性解读：资金要在合适的创业者手中才能创造奇迹。在创业项目的创新性、创业者的个人潜质、团队力量、市场土壤、政策等面前，资金并不是最重要的。如果创业项目足够有潜力，资金会随之而来。所以，不要因为等资金充足再创业而错失良机。

错误认知七：创业就是为了追求财富最大化。纠正性解读：印刷机、电、盘尼西林、互联网、制冷技术等50项技术被称为改变人类历史进程的50大发明。创业的终极目标是让人们的生活更便利，提高生产效率，推动人类文明进步。创业者要获得自身的精神激励和认可，财富是一种工具和评价方式，而且是短期的评价方式，而伟大的创业者会被载入史册。

错误认知八：有才华的创业者会很快脱颖而出，甚至在一两年就获得成功。纠正性解读：淘宝连续亏损6年，京东亏损12年，而亚马逊亏损20年才开始盈利。因此，好的创业项目需要漫长的时间让用户了解、尝试、熟悉、依赖，并在用户使用过程中不断跟进市场的变化，满足消费者需求。因此，创业者需要有足够的耐心和勇气，深耕一个创业项目。

第二节　创业团队构成

一、创业团队的概念和特点

创业团队通常是指一群有共同目标和愿景的人聚集在一起，致力于创建和运营一家新的企业或项目。这个团队通常由不同技能和背景的成员组成，他们共同协作，利用各自的优势来推动企业的成长和发展。优秀的创业团队通常具备以下特点：

（1）共同愿景。团队成员拥有共同的目标和愿景，这有助于团队保持动力和方向。

（2）多样化技能。团队成员通常具有不同的专业技能，如技术、营销、财务等，这些技能的多样性有助于企业在不同方面取得成功。

（3）协作精神。团队成员需要密切合作，共享资源和信息，以便有效地推进项目。

（4）创新能力。创业团队通常需要具备创新能力，以应对不断变化的市场和技术挑战。

（5）承担风险。创业团队成员往往需要承担一定的风险，因为并不是所有的新企业都能获得成功。

（6）领导力。创业团队中通常需要有领导者来指导团队，制定战略，并在必要时做出决策。

（7）适应性。创业团队需要能够快速适应市场变化和挑战，灵活调整策略。

（8）管理资源。团队需要有效地管理有限的资源，包括资金、时间和人力资源等。

（9）持续学习。创业团队成员需要不断学习新技能和知识，以保持竞争力。

（10）持久性。创业往往需要长期的努力和承诺，团队成员需要有持久的毅力。

创业团队的成功很大程度上取决于团队成员之间的协作、沟通和共同努力。一个优秀的创业团队能够克服挑战，抓住机遇，并最终实现其商业目标。

二、创业团队的构成要素

创业团队需要具备五个重要的组成要素，即目标（purpose）、人员（people）、定位（place）、权限（power）、计划（plan），这五个要素的英文单词都以字母P开头，因此被称为创业团队要素5P模型。

（一）目标

创业团队应该有一个既定的共同目标，目标是将人们的努力凝聚起来的重要因素，是创业团队努力的方向。从本质上来说，组建创业团队的目的就是实现团队的共同目标。没有既定目标，创业团队将如无头苍蝇，行动没有方向，创业项目也不可能取得成功。在创业团队中，目标一般体现为创业目的以及创业企业管理中的愿景与战略。

（二）人员

在创业团队的构成要素中，人员是最活跃、最重要的资源，任何商业计划的实施最终是要靠团队成员去完成。团队个体的贡献程度受自身知识和认知的局限，对企业的影响有限。只有通过人员的不同分工，才能保证创业项目的全面开展和目标实现。例如，创业团队中有的人负责制定计划，有的人负责开展业务，有的人负责监督协调。创业团队应考虑不同个体的特长和能力，团队成员应具备互补的技能和经验，以确保团队能够覆盖创业过程中所需的各个方面。

相关案例

"小米八大金刚"的创业故事

小米公司的创业团队，通常被称为"小米八大金刚"，是一群由雷某带领的创始人，他们共同创建了小米公司并推动了其快速发展。雷某：小米的创始人兼CEO，之前是金山软件的董事长，有着丰富的技术和管理经验。林某：小米的联合创始人之一，曾担任微软亚洲工程院的副院长，对小米的产品研发有重要贡献。黎某强：小米的联合创始人，主要负责MIUI系统的开发，后来还负责了小米的市场营销。黄某吉：曾负责小米的云服务和人工智能业务。周某平：曾负责小米的供应链管理。洪某：小米的联合创始人，曾负责MIUI系统的开发。刘某：负责工业设计和供应链管理。王某：后来加入小米的联合创始人，曾负责小米电视和小米盒子等产品的研发。小米的创业团队以其卓越的领导力、创新能力和团队合作精神，成功将小米打造成为全球知名的智能硬件和互联网服务公司。

（三）定位

创业团队的定位包括以下几个问题：在企业初创时期，创业团队发挥什么作用？在企业成长时期，创业团队处于什么位置？谁来选择和决定创业团队中的成员？创业团队采取什么方式激励下属？创业团队最终对谁负责？

团队成员的定位即成员的角色分配，权责清晰，明确团队成员在新创企业中担任的职务和承担的责任。团队成员的定位涉及成员角色、投资方式和组织形式等问题：团队成员在创业团队中扮演什么角色，是制定计划、具体实施还是指挥协调？在创业实体的组织形式上，是合伙企业还是公司制企业或者其他组织形式？团队成员以什么方式进行创业资金投入，是大家共同出资委派某个人参与管理、大家共同出资共同参与管理，还是共同出资聘请第三方管理？贝尔宾（Belbin）提出的团队成员角色表（详见表3-1）为创业者准确定位团队成员角色提供了有益的启发。

表3-1 团队成员角色表[①]

角色	角色描述	可允许的缺点	不允许的缺点
栽培者	解决难题，富有创造力和想象力，不墨守成规	过度专注思想而忽略现实	当与别人合作会有更佳结果时，不愿与他人交流思想
资源探索者	外向、激情、健谈，能发掘机会、增进关系	激情很快冷却	不遵循安排，令顾客失望
协调者	成熟、自信，是称职的主事者，通过阐明目标，促使决策制定和合理分工	如果发现其他人可完成工作，不愿意亲力亲为	完全信赖团队的努力
塑形者	激发他人，充满活力，在压力下成长，有克服困难的动力和勇气	易沮丧与动怒	无法以幽默或者礼貌的方式平息事态
监控者	冷静，有战略眼光与识别力，对选择进行比较并做出正确选择	理性地怀疑	失去理性，讽刺一切
团队工作者	协作、温和、感觉敏锐、老练，具有建设性，善于倾听，防止摩擦，平息争端	面对重大事项优柔寡断	逃避责任
贯彻者	纪律性强，值得信赖，有保守倾向，办事高效利索，容易把想法变成实际行动	坚守信条，相信经验	阻止变化
完成者	勤勤恳恳，尽职尽责，积极投入，能找出差错与遗漏，准时完成任务	完美主义	过于执着
专家	目标专一，自我鞭策，甘于奉献，提供专门的知识与经验	为了学而学	忽略本领域以外的技能

---

① 资料来源：Belbin M. Team roles at work. Oxford:Butterworth-Heinemann,1996:58.

(四)权限

创业团队的权限指团队的工作范围和决策的自主程度，是创业团队担负的职责和掌握的权力。团队的类型、目标、定位以及创新组织的规模、结构和业务类型等都会影响创业团队的权限。在创业团队发展的初期阶段，领导者要负责项目的实施与开展，因此所拥有的权限相对比较集中。而随着企业发展，创业团队越成熟，领导者越倾向于放权，因此所拥有的权限相应越小。明确的角色和职责有助于团队成员了解自己的工作范围，避免职责重叠或遗漏。

(五)计划

一个清晰的计划有助于团队成员了解如何实现团队的目标，以及各自的工作如何与整体目标相协调。创业目标的实现不仅需要创业团队和创业资源的支撑，还需要一系列具体的行动方案，以指导团队成员的角色分工和资源分配，因此可以把计划理解成达到目标的具体工作程序。若缺乏详细、具体的行动计划，团队在项目的运行过程中容易失去行动目标，尤其是在遭遇困难之际，团队的应变能力不足可能导致创业团队偏离创业目标。因此，按计划进行可以保证创业团队的顺利运转，也只有在计划的引领下，创业团队才会一步一步接近目标。

第三节　创业团队的组建

企业创始人个人能力、精力有限，无法完成创业过程的所有工作，必须组建核心领导团队。团队组建中，要明确创业目标，制定合理的创业计划，吸引和招募创业伙伴，确定企业组织结构，确定团队成员的职责与权力等。

一、明确创业目标

创业目标是创业者在商业海洋中航行的指南针。设定清晰而具体的目标，能够帮助创业者集中精力，避免其在创业过程中迷失方向。一个明确的目标不仅能够激励团队成员朝着共同的方向努力，还能在面临挑战和困难时提供动力和信心。目标的设定也是资源分配和决策过程的基础，它帮助创业者优先考虑哪些行动是最为关键的，从而更有效地利用有限的资源。创业目标还可以作为衡量创业进展和成功的标准，帮助创业者及时调整策略，确保企业能够持续发展和成长。简而言之，一个明确的目标是创业成功的关键，它能够引导创业者在复杂多变的商业环境中保持清晰的思路，实现长远的愿景。创业目标决定了企业在招贤纳才时的吸引力。

二、制定创业计划

制定创业计划不仅能够帮助创业者明确目标、规划资源和评估风险,还能为企业的发展提供清晰的方向和策略。通过细致的市场分析和有效的计划,创业者可以更有信心地吸引投资者、管理团队。创业计划既包括企业的部门规划,也包括发展的时间规划。企业计划不仅能让团队成员清楚自己适合哪个岗位或者承担哪些工作,更能够清楚企业近期和远期的发展方向。

三、寻找、招募创业伙伴

创业者有了创业的目标和想法后,需要一个强大的团队来共同实现。创业者要清楚自己需要什么样的创业伙伴。通过创建创业伙伴画像,创业者可以找到优秀的创业伙伴,这里的画像即人才标准。由于创业者很难直观地了解潜在合伙人的价值观、潜力等,所以在对潜在合伙人进行评估时,创业者要了解其教育背景、职业经历评估其行为表现。创业伙伴人数不宜太多,否则意见难以统一、股权分配难以平衡,最佳的创业团队规模为3~12人。

四、确定企业组织结构

确定企业组织结构、职责与权力就是确定团队成员的具体工作内容。团队成员需要明确自身的使命和目标,确定未来发展的方向,以便为结构设计和职责分配提供指导。企业应根据组织规模、业务模式和发展阶段,选择适合的组织结构,确保各部门之间的协作与沟通顺畅。明确定义各个岗位的职责与任务,确保每个员工都清楚自己的工作内容和目标。明确各级管理者的权力范围和决策权限,建立权力分配机制,以便有效地管理组织内部事务和决策流程。建立有效的沟通渠道和协作机制,确保信息能够在组织内部流动畅通,促进部门之间的协作与协调。表3-2主要列出了团队角色分工讨论的内容,要求每位团队成员参与填答,以帮助团队管理者快速、高效地进行角色分工。

表3-2 团队角色分工讨论表

团队名称:	填表人:	填表日期:
团队成员角色分工拟定(讨论之前由团队领导者填写)		
团队成员姓名	职务	工作职责

续表

团队成员角色分工拟定（讨论之前由团队领导者填写）		
团队成员姓名	职务	工作职责
角色分工的不确定内容		
本人角色分工的不确定内容		
他人角色分工的不确定内容		
团队成员需共同承担的责任		
团队需承担的其他责任		

第四节　创业团队的管理

一、创业团队的潜在危机

创业团队在初期发展过程中，可能会面临各种各样的问题，主要包括以下几个方面：

（1）资源短缺。初创企业团队通常面临资源短缺的问题，包括资金、人力、物资等。这可能导致团队在关键时刻无法获得必要的支持，影响项目的进展，从而使团队成员失去创业激情。

（2）团队冲突。创业团队在组建初期，成员之间可能存在不同的观念和目标，导致团队内部的冲突和分歧。有效的沟通机制、决策机制和冲突解决机制可以帮助缓解这些问题。

（3）角色和责任不明确。创业团队在初期可能尚未明确每个人的角色和责任，这可能导致任务分配不均，导致能者多劳，而有的成员做得少却分享到同等利益，影响团队的整体效率。

（4）缺乏专业知识和经验。创业团队的成员可能来自不同的背景，缺乏相关领域的专业知识和经验，这可能导致团队在面临复杂问题时固执地从自我认知出发，难以做出明智的决策。

（5）难以应对压力。创业过程中面临压力是常态，而团队成员可能难以应对这种压力。过度的压力可能导致团队士气低落、工作效率下降，甚至有人会选择退出。

（6）外部挑战。创业团队还需要面对市场竞争、对具体行业的法律法规了解不全面、客户需求变化等外部挑战，这些也需要有相应的应对策略。

相关案例

Efox 团队的解散之痛

广州 Efox 是一家开发、运营电子商务项目的 IT 企业，成立于 2009 年 6 月，由母公司投资。公司的 CEO 和主力人员均有网游工作经历，所以在吸纳人员的时候也会偏向于网游方面的人才。2010 年 1 月下旬，系统开发的第一期版本（概念版）按时完成，并在演示会议上得到合作伙伴、客户的充分认可，团队受到很大的鼓舞。此时 CEO 激进地对投资方作出了不合理的交付时间承诺，严重影响了原先的开发设计和项目规划，也加大了任务的工作量和难度，为后续的项目推进造成极大的困难。在超出交付时间的情况下，CEO 不断对研发部门施压，要求其加班加点且不计算双倍工资，仅承诺以后轮休补回，并严格考勤，员工出现懈怠与抱怨。在高层暗示精简人员时，开发组主管在会议当场提出辞职，高管也立刻同意，导致开发组的员工纷纷辞职。由于核心开发组成员的离职，母公司要求停止 Efox 项目，并要求在当月底停止营业，该创业团队被迫宣告解散。

二、创业团队的管理策略

创业团队的管理策略可以包括以下几个方面：

（1）建立有效的沟通机制。良好的沟通是团队成功的关键。要鼓励团队成员提出想法、分享观点，并给予他们必要的反馈时间。同时，要保持与市场、竞争对手和政策等外部因素的实时沟通，以便及时调整策略。

（2）激励和认可。应为成员提供适当的激励，如奖金、晋升或参与决策的机会。此外，适当的认可机制，如表扬和奖励，可以增强成员的积极性和忠诚度。

（3）建立良好的工作—生活平衡。把握工作和休息之间的平衡能够提高工作效率和创造力。合理的工作时间和适当的休闲活动能够保持团队成员的工作激情。

（4）培养团队成员。提供必要的培训和发展机会，可以帮助团队成员成长，增强他们的归属感。同时，可以通过提供反馈和指导，帮助团队成员更好地适应团队角色和期望。

（5）建立有效的决策机制。要建立一个公平、透明且快速的决策机制，以便在面临挑战和机遇时迅速采取行动。此外，要鼓励团队成员积极参与决策过程，并确保所有团队成员都受到重视。

（6）制定弹性时间表和预算。灵活的时间表和预算可以为团队成员提供更大的自由度，也能够更好地适应市场的变化。这样可以使团队更专注于创新和解决问题，而不是被日常行政工作所牵制。

 拓展启示

众人划桨开大船

创业不仅是一场个人的冒险，更是一个团队协作的过程。团队精神在创业中扮演着至关重要的角色，它能够将个体的力量汇聚成一股强大的合力，共同推动企业向前发展。

在创业的征途上，团队精神首先是我们共同的信念和力量的源泉。每一个创业者都应该明白，单枪匹马难以成就伟业，只有团结协作，才能汇聚智慧，激发创新。团队精神要求我们相互尊重、相互信任，每一位团队成员的长处都应该得到发挥，短处则应得到包容和帮助。在这样的氛围中，每个人都能够感受到归属感和成就感，从而更加积极地投入到工作中。

其次，团队精神意味着共同的目标和愿景。一个团队只有拥有清晰的方向和坚定的目标，才能在创业的道路上不断前进，克服重重困难。团队成员需要共同为这个目标努力，相互支持，共同成长。在团队中，每个人都是重要的一环，缺一不可。只有当每个人都为了共同的目标而努力时，团队才能够发挥出最大的潜力。

再次，团队精神体现在面对挑战时的坚韧不拔。创业之路充满未知和变数，团队需要有面对困难的勇气和解决问题的智慧。在逆境中，团队精神能够激发出团队成员的潜能，让大家携手并肩，共同攻克难关。

最后，团队精神是企业文化的重要组成部分。一个拥有良好团队精神的企业，能够吸引和留住人才，建立起强大的竞争力。团队精神的培养需要从点滴做起，在每一次会议、每一个项目、每一次决策中体现，让团队精神成为企业文化的核心，引领企业不断向前。团队精神是创业成功的重要基石。它要求团队成员团结协作，共同面对挑战，不断追求卓越。

第四章

创业机会

 案例导读

薯小帅的创业之路

薯小帅的创始人孙某秀,以前常在街边的炭烤桶小摊购买烤红薯。他的女朋友习惯直接扒皮啃红薯,经常弄脏手和脸。孙某秀突发奇想:是否能够创造一种用勺子挖食的烤红薯,既优雅又不会弄脏手脸?怀着这一想法,他参加了创业大赛,并在2014年获得了天使投资。如今,他已在全国开设了多家门店,还申请了独特的烤红薯设备专利。这些门店提供60余种薯类产品,价格在10—20元之间,打造了一个轻资产、快消品的成功典范。

第一节　创业机会的识别

一、创业机会的识别原则

创业机会是创业者在市场中发现的一种潜在商业机会，可通过提供新产品、服务或解决现有问题来满足市场需求并创造经济效益。通常，创业机会可分为以下三类：问题型机会，即现实中存在的未解决或未充分解决的问题所带来的机会；趋势型机会，即根据变化中的趋势预测未来市场潜力的机会；组合型机会，即将现有技术、产品、服务等因素组合以实现新用途和价值而获得的机会。有效的创业机会必须遵循以下几项原则：

（1）市场需求的识别。创业机会的发现源于对市场需求的敏锐洞察和深入理解。创业者通过对市场的观察和研究，发现那些未被充分满足或完全被忽视的需求，从而找到创业机会的蛛丝马迹。

（2）创新与创造力的结合。创业机会的实现离不开创新思维和创造力。创业者不仅要找到市场需求，更要提供别具一格的解决方案、独特的产品或创新的服务，以满足市场的需求。

（3）可行性和持续性的考量。任何创业机会都必须具备可行性和持续性。这意味着创业项目必须有足够的市场规模和增长潜力，能够持续地提供价值并实现经济回报。

（4）竞争优势的确立。创业机会的成功取决于其竞争力。创业者需要深入评估行业发展趋势和竞争对手，打造独特的竞争优势，并制定有效的市场推广和销售策略，以在市场中脱颖而出。

（5）风险管理与应对。创业者需要审慎识别和评估风险，并制定相应应对策略，降低风险并具备承担能力，从而提高创业项目的成功率。

总体来说，创业机会源于对市场需求的发现和创新的应用，创业者通过提供独特解决方案来满足这些需求，在市场上建立竞争优势，实现经济和社会的双赢。对于善于观察的人来说，创业机会无处不在。我们需要时刻保持警觉，及时捕捉市场机会，并做好充分的准备。

二、市场中的创业机会

（1）市场观察和趋势分析。仔细观察市场，并研究当前的行业趋势和发展方向。了解哪些领域存在未满足的需求或有机会进行创新，从而找到创业机会。深入研究不同的行业和市场，了解其中的机会和趋势。关注新兴行业、技术创新以及未被充分开发的市场领域。

充分挖掘细分和小众市场，即所谓的"长尾理论"。2004年，美国《连线》杂志主编克里斯·安德森（Chris Anderson）第一次提出长尾理论（The Long Tail）：商业和文化的未来不在热门产品，不在传统需求曲线的头部，而是在需求曲线的尾部。从需求角度来说，大多数的需求集中在正态分布的峰部，这部分通常是流行或者大众化的需求，而正态分布拖尾部分的需求是个性化的、小众需求。长尾效应强调的是小利润大市场。当市场细分到出其不意时，就会带来明显的长尾效应。关于长尾效应最典型的案例是亚马逊销售的图书。美国最大的实体书店Barnes & Noble的平均上架书目为13万种，而亚马逊超过一半的销售量却来自排行榜13万名开外的图书。说明相比于畅销书，那些通常不在书店出售的图书市场更大。因此，可以通过无限延长的长尾效应，摆脱资源稀缺的限制，用小众思维寻找细分市场。

（2）互联网与自媒体。硬件之间的链接、共享、数据交换和操控组成了万物互联的新世界。中国互联网络信息中心2023年3月发布的《第51次中国互联网发展状况统计报告》显示，截至2022年12月，中国的网民规模达到10.67亿，互联网普及率达75.6%。如表4-1所示。

表4-1 我国网络用户规模

（截至2022年12月）

内容	人数（亿）
网民规模	10.67
网络支付用户	9.11
网络视频（含短视频）	10.31
网络新闻	7.83
网络直播	7.51
线上办公	5.4
在线旅行预订	4.23
互联网医疗	3.63
线上健身	3.8
电商直播	5.15
网上外卖	5.21
网络购物	8.45
网约车	4.37

（3）降维开发和跨界应用。降维开发是指原本用于高要求、复杂、特定环境下的技术或者产品，应用到从未涉足的领域和环境，比如原本应用于军事、医学、工业的高标准、高性能技术、材料、工艺等，用于对技术要求较低的民用产品。降维开发是跨界应用的一种常见方式。例如，英国工程师詹姆斯·戴森（James Dyson）把工业除尘机的原理应用于家用吸尘器中，开发出了效率更高、更受欢迎的无尘袋家用吸尘器。

三、创业的个人准备

（1）了解个人和企业拥有的资源。美国富兰克林电子出版公司于1998年就推出了电子阅读器eBookman，然而并没有受到广泛关注。之后日本索尼公司在2004年推出了电子阅读器Sony Reader，率先使用电子墨水技术，但仍未突破全球市场。直到2007年，亚马逊公司推出了Kindle，基于其庞大的亚马逊书店资源，Kindle迅速成为全世界主流电子阅读器。Kindle推出时，就有8.8万种图书可供下载。亚马逊自有的海量图书资源是Kindle成功的关键。可见，创业机会往往来源于企业或者个人拥有的优势资源。

（2）与他人交流和合作。可以通过以下方式进行交流合作：与行业专家、企业家和创业者进行交流；参加创业活动和行业会议；加入创业社群和网络；等等。这些交流和合作可以提供最新的行业信息和市场信息，获取新的创业机会，建立有价值的人际关系。

（3）关注社会和技术趋势。通过定期阅读各种报纸、杂志、书籍、学术论文和研究报告，留意社会变革和技术进步对市场和消费者行为的影响。这些趋势可能引发新的商业机会，如人工智能、物联网等。

（4）进行市场调研和数据分析。进行市场调研，收集和分析相关数据。了解目标市场的规模、增长趋势、竞争程度以及消费者需求和偏好，以分析创业机会。市场调研可以作为决策的参考，但并不见得总有效。对于某些已经形成稳定消费习惯的产品，市场调研可能并不能真实反映消费者的行为决策。同样，对于一款尚未推广的产品，市场调研也不能反映消费者的行为决策。比如在马车时代做一份关于汽车的市场调研，可能会得到并不乐观的结论：人们更想要一匹千里马，而不是一辆汽车。

相关案例

可口可乐的新口味调研

可口可乐公司在1982—1985年期间，耗资数百万美元经过多次市场调查，得到的结论是消费者已经厌倦传统口味，更愿意尝试新口味的可乐。于是公司研发了新的口味，代替已经沿用了99年的传统配方。没想到新口味上市后，却受到了消费者的抵制，大惑不解的管理层重新启动新一轮的市场调研，那些之前表示愿意尝试新口味的消费者，纷纷表达他们的怀旧情绪。最终，可口可乐公司不得不恢复传统口味的生产。因此，市场调研如果是基于设想和愿望的，消费者的想法和实际行动可能会不一致。

（5）体验和尝试。通过实际体验和尝试实习、志愿者工作或兼职，来了解不同领域的工作环境和挑战，可以帮助我们更好地了解自己的兴趣和爱好，并找到合适的创业领域。宜家家居的自主拼装理念获得了年轻人的喜爱，购买家具后的参与感与拼装后的成就感超越了家具本身，使家具有了情感见证和回忆记录。

（6）研究竞争对手和市场缺口。分析竞争对手的优势和劣势，寻找他们未能满足的市场缺口。这些缺口可能是我们的创业机会所在。

（7）行业研究。深入研究不同的行业和市场，了解其中的机会和趋势。关注新兴行业、技术创新以及未被充分开发的市场领域。

寻找创业项目需要综合考虑市场需求、个人兴趣和技能、行业趋势、竞争对手和数据分析等多方面因素。灵活运用以上方法和策略，就不难发现潜在的创业机会。

第二节 市场趋势和需求

创业机会和创业项目是一脉相承的两个不同的概念。创业机会是指存在于市场中的有价值的商业机会。创业机会通常基于市场需求、行业趋势、技术进步等因素，提供了解决问题、填补市场缺口或创造新价值的潜在机会。而创业项目则是对创业机会的具体实施和操作计划，是创业者将创业机会转化为行动的具体方案。创业项目涉及制定商业计划、筹集资金、组建团队、实施营销策略等一系列具体步骤和活动，旨在实现创业机会的商业目标。创业机会是更宏观和抽象的概念，而创业项目更具体和可操作，是将创业机会转化为实际行动和商业计划的过程。创业者需要先找到创业机会，然后将其转化为创业项目来实现商业目标。寻求创业机会必须先了解行业新动态和行业发展方向。

中国经过40多年的飞速发展，诞生了一大批成功企业。20世纪90年代起，城镇化带动了房地产、建筑材料、装饰装潢、家电、餐饮服务等诸多产业的迅猛发展。但随着中国城镇化基本完成，房地产类企业等发展缓慢；很多传统制造业面临产能过剩、创新不足的发展瓶颈；甚至有些产业面临淘汰。新的经济发展快车是以知识、信息、文化娱乐、新零售、新金融、数字经济、绿色经济等为标签的产业，诸如互联网、人工智能、大数据、云计算等技术的迅猛发展给各行各业带来变革。知识产业向教育培训、咨询智库、科技研发、会议论坛、出版传媒、知识付费等多维度发展。文化娱乐业领域的体育竞技、主题公园、电子娱乐、演艺等传统产业也向纵深发展。认清新的市场趋势和需求，仍然能够搭乘飞速增长的经济列车。

传统的市场需求是满足基本物质生活需要，实用性、性价比是主要的竞争力。而如今消费者越来越重视精神文化需求，越来越重视体验感、价值实现、便利、互动、身份认同、社交等。比如，因共同的爱好和情绪共鸣形成的社区认同，商品的价值实现变得多元。新的市场与需求，有的已现端倪，有的还隐藏在商海，我们要戴上望远镜，窥见未来的市场趋势与需求。以下分别从农业、制造业、互联网＋、文创、知识付费、绿色经济、旅游、养老八个行业来分析创新创业的切入点。

一、农业

（一）聚焦单一产业

在资源少的区域，多方发展会造成资源分散，聚集单一产业才能发挥资源优势。纳帕谷位于美国加州旧金山以北，是美国第一个跻身于世界级的葡萄酒产地。它由8个小镇组成，是一块35英里长、5英里宽的狭长区域。纳帕谷从19世纪中期开始主要从事传统的葡萄种植和酿酒，如今已成为一个以葡萄酒文化、庄园文化闻名，包含品酒、餐饮、养生、运动、婚礼、会议、购物及各类娱乐设施的综合性乡村休闲文旅小镇集群。其成功经验值得借鉴。

（1）抓住优势，酿造葡萄酒。纳帕谷位于丘陵地带，拥有温润的地中海气候和多样化的土壤，从19世纪中期到20世纪初，当地商人和居民充分依托这些自然优势，开垦葡萄种植园，开办酿酒厂，农业种植和酿酒加工成为这一时期纳帕谷的主导产业。

（2）树立品牌，拓展葡萄酒产业。20世纪中期，纳帕谷的葡萄酒龙头企业纷纷对酿酒工艺进行现代化改造，同时政府和企业对当地的葡萄酒品质进行着严格维护。所有来自此产地的葡萄酒，都统一印有纳帕品牌。后期该地逐渐形成了包括葡萄种植、加工、品尝、销售、游览、展会等功能的葡萄酒全产业链，成为世界顶级葡萄酒原产地的葡萄酒小镇集群。

（3）校企合作，注重研发。加州政府设法让纳帕谷周围高水平的公立大学开展葡萄及葡萄酒产业的研发。美国农业技术排名第一的加州大学戴维斯分校位于纳帕谷附近，众多龙头企业充分利用这一资源，与该校展开了长期合作，设置葡萄栽培与酿造学系，并提供线上远程酿酒教程，以传播纳帕的品牌价值。

（4）政企合作，助推旅游业发展。由纳帕郡议会与游客管理局牵头，纳帕郡政府、八个镇政府、纳帕郡商会及纳帕谷内的酒庄、旅馆、餐饮等企业共同设立了"纳帕旅游业提升区"，成立了非营利组织"纳帕郡旅游公司"进行统一管理，并通过PPP模式进行项目融资、招商引资及旅游宣传推广。

2012年，纳帕谷的旅游人群中有82%来自品酒活动，其中70%的人有消费意愿。聚集单一产业，形成无可取代的产业生态系统，使纳帕谷成为最受美国欢迎的品酒观光地，每年可招待500万名观光游客。纳帕郡有82%的事业与葡萄酒、观光、酒店相关。因此，在资源少的区域，聚焦单一产业才能发挥资源优势。

（二）延长农业产业链，开展农业深加工

延长农业产业链可以提升农产品的附加值和市场竞争力，为农村提供更多的就业机会和收入来源。农业深加工是对农产品进行加工和转化，提取其中的价值和功能，生产出高附加值、高品质的农副产品或其衍生品，从而提升农产品的市场竞争力和经济效益。

（1）增加农产品加工环节。通过对农产品进行深加工，如加工成预制品、果酱、果汁、干果、乳制品、护肤品、保健品等，既能提高产品的附加值，又可扩大产品的销售渠道。法国普罗旺斯就充分利用薰衣草产业，吸引了诸多国际化妆品公司在本地建立研发中心和生产基地。

相关案例

农业深加工：金桔也疯狂

位于我国台湾省嘉义县民雄乡的金桔农庄，将金桔制作成金桔果醋、金桔果茶、金桔果酱、金桔果蜜、金桔果冻、金桔汽水、金桔甜点、金桔馒头、金桔软糖、金桔饼干、金桔一口酥、金桔软饼、金桔方块酥、金桔花露水、金桔玩偶、金桔饰品等十余种产品。金桔产品种类繁多，构造了"总有一款适合你"的商业闭环，吸引游客购买。

（2）发展农产品品牌和特色产品。通过品牌建设和打造特色产品，增加产品的市场竞争力。农产品的品牌化和特色化有助于提高产品的附加值，提高品牌知名度和用户黏性。

（3）建立农产品流通网络。发展农产品的物流和分销网络。完善冷链运输系统，特别是终端冷链运输，确保从农田到餐桌的产品新鲜度。提高运输效率，减少产品的损耗和运输成本。

（4）推动农业与旅游结合。将农业与旅游业相结合，发展农家乐、农庄、农业观光等农旅结合项目，吸引游客到农村参观体验。这样不仅可以增加农产品的销量，还能为农民提供增值服务和旅游收入。

乡村度假是全世界受欢迎的农商结合业态。但是同类产业太多，要建立自己独特的商业引擎才能吸引游客。意大利北部城市托斯卡尼是一个居住体验式的度假胜地，在电影《托斯卡尼艳阳下》的宣传下，旅游吸引力进一步扩大，其独特之处在于农业多元性和濒临灭绝物种培养。1997—2004年，当地的农业发展与创新区域组织指认了600种濒临绝种的作物，予以特别培养，并发展农业观光。全世界的游客为了参观稀有农作物，而选择在托斯卡尼度假。

（5）提供农业技术培训支持。充分利用科研院所和大学研发部门的资源优势，开展科研合作，不断开发农业栽培、灌溉、萃取、生产新技术。例如，西北农林科技大学开设了亚洲第一个葡萄酒学院，农业部门可充分利用这一资源，与其开展深度研发合作。此外，可通过培训农民掌握现代农业技术和管理知识，提高农产品的产量和质量。

二、制造业

习近平总书记在党的二十大报告中指出，要实施产业基础再造工程和重大技术装备攻关工程，支持专精特新企业发展，推动制造业高端化、智能化、绿色化发展。推动战略性新兴产业融合集群发展，构建新一代信息技术、人工智能、生物技术、新能源、新材料、高端装备、绿色环保等一批新的增长引擎。

制造业的价值链在悄然发生质变。例如，手表的时间功能已经淡化，更重要的是装饰性能，或者成为一只可穿戴智能设备；手机的通话、联络功能已不再是主要用途，现在的手机更像一台迷你电脑。传统消费品功能的转变带来了制造业的巨变。

（一）硬件引流，软件增值

一台32英寸的小米智能电视机，售价只需599元，相比于十几年前一台电视机动辄几千甚至上万元，如此低价销售还有利润空间吗？其实，消费者购买的电视机只是一个硬件的引流入口，在使用中会不自觉地进入各种付费环节。用户最初可以观看免费节目,随着深入探索便发现内嵌资源异常庞大。除了投影功能,更有趣的节目、视频、电视剧、电影、游戏、音乐、课程层出不穷,而这些通过会员付费方式获得的利润远远高于电视机的利润。小米公司只需一次性导入这些软件资源,便可指数级地重复获益。硬件设备并非利润的主要来源,而只是引流入口。

（二）物联网

华为公司以移动终端为中心,将品牌内的电脑、手表、可穿戴设备、家电、健康检测等实时数据互联,利用一部移动终端就可以操控所有设备,从而形成自有品牌的商业生态,并逐渐扩展到电子消费、智能家居、智能出行等行业,致力于构建万物互联的智能世界。小米公司同样如此,它链接了超过7亿台智能设备,产品包括智能硬件、电子产品、智能手机、智能电动汽车、通信、金融、互联网电视、智能家居等,远销全球100多个国家和地区。物联网上的产品品类越多、行业越广,商业护城河就越宽,未来所有商品种类都将纳入物联网生态。新创企业要形成自己的商业帝国可能是个漫长而艰难的过程,但如果从开始就将产品纳入物联网的生态中,就更容易被市场接纳。

（三）规模生产向个性化定制转变

美国伊利诺伊大学香槟分校的7名中国学生参加了北美地区的创业大赛,获得了第一名,回国后创立了黑格科技,主要从事3D打印。起初公司主要从事个性化耳机定制,后发展为在可穿戴式设备、电子消费品、文创类产品、骨科产品等领域都有多个产品实现个性化应用。3D打印已经在我们的生活中随处可见,如儿童3D打印笔、3D打印巧克力、3D打印牛排、3D打印考古复制品等。2014年,北京大学研究团队成功地在12岁男孩身上植入了3D打印脊椎,跟原脊柱牢牢地生长在了一起,属全球首例。荷兰设计师通过3D打印技术让服装变得贴身,并在人移动时做出响应,服装可以根据人体变化而变化。

制造业的个性化定制可以通过网络实时下单。例如,择幂科技的制造网络涵盖了国内外10 000多家制造商,提供所需的生产能力并进行原型设计和生产。用户可在130多种材料中选择制造工艺。其3D打印服务可提供原型设计和连续生产,并在3天之内完成快速3D打印。

 相关案例

变幻莫测的3D打印鞋子

SOLS公司利用3D打印技术为物理治疗师、足病医生、矫形医生的病人生产矫形鞋垫。其先采集一系列脚部照片,并借此生成3D打印的模型,从而为用户量身

> 定制鞋垫。SOLS公司还在开发3D打印鞋ADAPTIV,它能利用机器人及生物力学知识,根据人的每个动作进行调整,还配有LED灯,能够自动膨胀或缩小、检测运动情况。

(四)传统产品智能化

现有产品的高科技融合,常见的有为传统产品加载现代智能功能,比如各种传感器、语音播报、导航系统、智能交互、数据共享、机器学习等。例如,将导航系统和语音控制系统导入一支导盲杖,就成为智能导盲杖;将家用电器纳入终端控制系统,在筷子上安装温度、重量、营养、卡路里、农药残留等检测设备,就开发出了智能筷子。在智能化过程中,可采用5W2H法寻求创新点。

(五)注重研发

研发是制造业保持竞争力、可持续发展的关键。欧盟委员会发布的《2022年欧盟产业研发投资记分牌》显示,华为研发投入支出位列全球第四。研发要解决现实问题或者满足市场需求,传统制造企业的生产—销售模式已经不符合市场要求,必须换乘到研发、设计、品牌、营销、流量、体验的列车。同时要聚集各行业人才,鼓励跨行业合作,充分调动高校、科研院所、行业工程师之间的合作交流,建立起技术转移和技术共享平台,推动科技创新。

三、互联网+

5G技术、人工智能、虚拟现实、物联网等新一代互联网技术的普及必然带来新的产业发展。伴随着移动设备的普及,电子商务平台的市场规模越来越大,人们的消费行为越来越依赖互联网,人们的消费方式、娱乐、生活都在发生前所未有的改变。

(一)生活服务平台

美团公司解决了消费者本地生活服务的需求,通过平台便可享受外卖、餐饮、商超、买菜送药、酒店预订、电子票务、出行交通等生活服务。未来我们的生活服务会有越来越多的细分领域,如家政、维修、专项定制服务等。线上教育、线上医疗等领域也发展得如火如荼。2020年,平安好医生平台访问量达到11.1亿,App新注册用户增长10倍,阿里健康、好大夫在线等访问用户也出现了急剧增长。

(二)充分利用大数据

互联网累积的数据资源,来源于足迹数据、政府数据、企业数据等,通过对数据的爬取和清洗,可以对消费群体进行精准定位,并开发精准匹配的产品。通过数据分析和个性化营销,实现精准的个性化推荐和定制化服务。根据客户的历史购买记录、偏好和行为数据，定制个性化的推荐和商业活动。通过对数据的共享，打通生产、营销、运输、售后各个环节，并对每一个环节进行数据分析，找出市场机会。例如，零售终端冷链运输，网格化的仓储管理，数据库、代码库、算法库的商业开发，等等。

（三）软件、App开发

宽领域、长链条、高频次是软件开发的原则。宽领域是指一个软件可以承载多种应用，一旦用户使用该软件的一个功能，就被深度绑定到其他功能中。比如，微信最初只有简单的社交功能，后来加载了支付、购物、出行、酒店、链接其他平台等各种功能。由此形成了较宽的护城河，其他同类App难以与之竞争。长链条是指用户能够持续停留，比如游戏、视频、音乐、电子书等。高频次是指用户会反复点击。与此相反，窄领域、短链条、低频次软件，如某天气预测软件，虽然截至2023年拥有超过7亿的用户量，但人们最多每天点击2~4次，总时长1~2分钟，有的用户几天才会点击一次。这样的软件就很难搭载商业化附加功能。

（四）突破空间和时间局限

虚拟现实技术可以让消费者足不出户就实现购物、教育、资讯、医疗的身临其境，催生了大量新兴行业。全球范围甚至地球与宇宙飞船中的航天员都可以实时视频通话，通过虚拟现实技术可以实现与过去或未来人的互动。未来的互联网商业发展，将突破空间和时间局限，带给消费者更多的选择和耳目一新的体验。

（五）突破资源局限

探寻和突破的天赋使人类文明繁衍，并生生不息。自然资源、环境资源的有限迫使人们不断探索新资源，如量子技术、人工智能、无人驾驶技术、医疗纳米机器人、3D打印、虚拟现实、区块链，这些探索将突破资源的局限性，带来无限可能性。例如，电子书籍可以将我们的书库扩展到全球的所有书库，打破区域资源局限。尽管目前由于各种贸易壁垒这些资源尚未能完全共享，但软性资源无限化是互联网发展的必然趋势。

四、文创

文创是文化和创意相结合，并将文化元素与其他产业融合，创造出有观赏性、创新性并具有商业价值的产品或者服务。文创领域包括设计、艺术、音乐、电影、出版、传媒、游戏、手工艺、非物质文化遗产等。

（一）充分挖掘独特的文化资源

中华民族几千年的文化传承，积淀了丰富的文化元素，这些传统文化元素是文创最直接的切入点。例如，我国的服装品牌李宁就在服饰上创造性地融合了中国的文化元素如"飞檐斗拱""皖派建筑""苏州园林""皮影戏""曜变天目"等，与敦煌博物馆联名推出了"敦煌·拓"系列，与《国家宝藏》节目联名推出了"鱼跃""君子""汉甲"等系列。独有特色的民族文化元素不仅获得了国人的喜爱，也受到了全世界的欢迎。这就是充分利用了本土特色文化，提升了产品价值。充分挖掘民族特色文化并发扬光大，将民族元素融合到其他商业领域，不仅可以创造商业价值，还可以增强我们的民族自豪感，加强对民族文化的传承。

在利用传统文化资源开发文创产业时，要对本土文化元素赋予新时代的情节、故事、场景、体验等。传统文化的复兴与传承，是文创创业者的使命。我们应将传统文化与现代审美相结合，与现代商业相链接，与不同文化相交叉。随着中国国际经济地位的上升，全世界越来越热衷中国传统文化。对中国传统文化的挖掘和创造性革新，是文创企业的商业机会。

（二）利用现代技术实现跨时空体验

文创要满足人们的体验感和社会风尚。比如，梵高的画作真迹分别被收藏在荷兰梵高博物馆、纽约现代艺术馆、伦敦国家美术馆、巴黎奥赛博物馆、慕尼黑老艺术陈列馆、维也纳美景宫等，大多数人并不能够方便地观赏到。试想：将梵高的经典画作展示在超大电子屏幕上，空间里环绕着悠扬的古典音乐，同时还原画中的立体场景，在向日葵花海中漫步，围坐在餐桌旁，甚至能躺在"阿尔的卧室"的床上，最后伴随着一声突如其来的枪声，惊起一群乌鸦以结束画作欣赏，隐喻其最后的画作"麦田"及梵高生命的结束，灯光亮起参观者仍沉浸于梵高创作时的情绪中……这些不是想象，而是2023年在中国各大城市巡回展览的"梵高再现"光影艺术展。这种艺术表现就是利用现代技术实现了跨越了百年的时空体验。因此，构建实景环境与虚拟场景相结合的情境，能够给消费者带来超越现实的体验，通过虚拟现实场景穿越、模拟、体验是文创设计中常用的方式。

（三）非物质文化遗产的开发

对中国非物质文化遗产的开发和商业融合，如地方曲艺、中医药、剪纸、皮影、陶瓷、刺绣、雕刻、中国传统乐器、中国传统茶艺等，都可以作为文创的元素和基础。

对非物质文化遗产的设计与开发要同现代审美、现代生活方式相结合。例如，现代京剧《弄潮》，就是将京剧与现代表演形式相结合的舞台剧。该剧以山东港口集团青岛港"连钢创新团队"的先进事迹为原型，于2024年5月18日在中央歌剧院上演。通过3位当代京剧名角的精彩演绎，《弄潮》将"连钢创新团队"自主创造智能无人全自动化码头的坎坷历程呈现在舞台上。在音乐方面，该剧大胆运用了"电音+戏曲+交响"的模式，使用以交响乐铺底、融入"电音"的创作手法，并结合钢琴、大提琴、小提琴的独奏以及通俗女声小伴唱来展现当代生活。在多媒体呈现上，通过多块冰屏的使用，展现出现代化、科技化、智能化的港口场景。

五、知识付费

学习是现代人的生活常态。无论是了解社会发展的浅学习，还是专业知识的深度学习；无论是为了满足个人兴趣爱好的生活化学习，还是职业发展的专业技能学习，都能够通过网络轻松获得。因此，教育培训和知识付费的观念已经为大众广泛接受，由此催生的市场需求也提供了良好的创业空间。

当今，从学龄前启蒙教育到世界著名大学的课程，在互联网时代都能够便捷地获取。即使没有线下获得接受高等教育的机会，也能够通过网络方便地获得全世界的教育资源。终身学习理念越来越深入人心，人们需要各种便捷的途径随时学习。

现代科技的迅猛发展使知识迭代周期越来越短。这迫使人们需要不断更新知识结构。全球医学知识信息分析机构爱思唯尔的研究表明，1950年，医学知识倍增的时间是50年；1980年，这一时间为7年；2010年，需要3.5年；而在2020年，医学知识倍增只需要73天。人类各行各业的飞速发展要求高效便捷地获取最新的知识。以知识为内核的爆炸式增长带来了无限的商业机会。各种成人职业培训、智库机构、专业咨询、行业动态正在蓬勃发展。常见的知识付费方式有培训、科研技术转化、浅学习与深度学习付费、显性知识与隐性知识市场等。

（一）培训

教育培训产业从课外培训扩展到行业培训、兴趣爱好培训、职业考试培训等个性化专业培训。新兴的职业培训有高端管家服务培训，细化的家政服务培训，剪辑、文案等自媒体服务培训，日常生活的代理服务培训，等等。

（二）科研技术转化

科研机构从高校、科研院所、大型制造企业剥离出来，成为独立的科研公司。独立的科研公司更容易整合和积累行业资源，更容易集中产出成果。在人工智能、通信、大数据、生物技术、新材料、新能源、医学、基因技术等领域，需要大量人才、资金和时间的持续投入。而科研机构更容易持续开展研究，在已有的成果基础上研发更多的关联技术、外围技术和护城河技术。将这些技术出售、授权、转让是这些独立科研公司的利润来源。例如，英国ARM公司通过研发和设计微处理器芯片，约占有手持设备市场90%的份额；高通公司的专利收入约占总利润的70%。因此，加强科研技术转化，是未来创业企业的发展方向。

（三）咨询智库

传统的咨询行业有会计师事务所、律师事务所、工程咨询公司等。随着经济的不断发展，咨询产业的范围也在无限扩大和无限细分。技术咨询、战略咨询、管理咨询、人力资源咨询、政府决策咨询、公共政策咨询、行业发展咨询等也有了庞大的市场需求。例如，全球最大的液体包装公司利乐公司，为了更好地服务于客户，定期发布《碳中和行动报告》《利乐指数报告健康营养向未来》《利乐乳业指数》等行业发展报告。全球著名的咨询公司，如埃森哲、普华永道、美世、贝恩、毕马威等，也在持续面向全球发布各种行业报告和开展企业咨询业务。

（四）浅学习与深度学习付费

浅学习（Shallow Learning），指的是通过一些表面层次的学习来获取知识或技能，而不涉及深入地理解和掌握的学习方式。这种学习通常是快速、表面的，侧重于获取一些基本的知识和技能，以满足实际需求和应对日常生活中的一些具体问题。浅学习一般通过观看教学视频、参加简短的培训课程或阅读简单的教学资料来进行，以了解基本的操作方法和技巧；也可以通过阅读简介、浏览相关文章或观看简单的介绍视频来进行浅学习，以获取一些基本的概念和了解。例如，修理家电、烹饪食物、解决简单的电脑问题等都只需要浅学习即可。

深度学习（Deep Learning），指的是通过深入学习和探索来获取更深层次的知识和技能，以及对事物本质和原理进行深入理解的学习方式。与浅学习相比，深度学习更注重知识的深度和广度，以及对问题的全面思考和掌握。深度学习可以通过阅读专业书籍、研究相关论文、参加深入的培训课程、参加会议、参加论坛等来进行，从而及时了解权威观点和热点，如达沃斯论坛、博鳌峰会等都提供了深度学习的场景。

更广泛的浅学习和更专业的深度学习并存。浅学习具有低成本、易传播的特点，而专业的持续学习也为深度学习付费领域提供了广阔的市场空间。

（五）显性知识与隐性知识市场

显性知识（Explicit Knowledge），是指可以被明确表达、编码和传递的知识，是通过文字、图表、公式、规则等形式化的媒介进行传递和共享的知识。显性知识可以被记录、存储、检索和传播，因此它比较容易被传递和学习。例如，科学原理、法律条文、操作手册等都属于显性知识。

隐性知识（Tacit Knowledge），是指那些难以明确表达和传递的知识，它存在于个人的经验、直觉、技能和洞察力中。隐性知识通常是主观的、感性的，难以用语言或符号进行准确描述。它是通过实践、互动和经验积累而形成的，随着时间的推移逐渐积淀。隐性知识通常与个体的背景、经历、专业技能密切相关，如专业技能、艺术创作、领导力等。

显性知识可以将隐性知识转化为能够共享和传达的内容，从而促进知识的传递和学习。隐性知识是显性知识生成和创新的基础，它能激发新的思路和洞察力。隐性知识通常与个体的主观体验和直觉相关，需要通过经验分享、跨部门协作、社交化学习等方式来促进交流和共享。隐性知识可以是独特的软资源、经验、数据、案例等，为某种小众市场而服务的商业行为，专注于某一群体的产品和服务。显性知识已经形成了规模化市场，而隐性知识是可以无限挖掘的潜在资源。

如果某种知识在市场上稀缺且独一无二，或者对于个人或专业发展非常重要，为了节省时间和获得更系统和结构化的知识，对于一些涉及专业领域或个人健康安全的知识等，人们愿意通过付费方式获取。

一般来说，一些基础知识、常识性的信息可以通过免费渠道（如互联网搜索、公共图书馆等）获得。所以在实践中，通常会采用混合模式，根据需要和具体情况灵活选择。对于更专业、深入的知识，可能需要付费才能获取更高质量和定制化的内容。如果打算在商业各个环节收费，就形同自我设定了进入壁垒。例如微信的社交功能是免费的，但其搭载的支付功能、出行娱乐付费功能等却将用户牢牢锁定在平台上。因此，先免费获客、深入使用后再收费的方式，广泛应用于互联网平台。

相关案例

> **免费获取的 TED 演讲，怎么盈利的？**
>
> 深受广大学者和学生喜爱的 TED 演讲，任何人都可以免费聆听行业专家言简意赅的解读，而且可以用来练习英语听力。自从创始人克里斯·安德森（Chris Anderson）将所有往期视频在网络公开后，其现场票价不仅没有下降反而上升了。80%的免费视频扩大了 TED 演讲的知名度，而精彩的演讲又促使人们愿意为现场付费，从而聆听到最新演讲。这 20%的收费业务，实现了企业的盈利。

六、绿色经济

绿色经济是指在节能环保基础上可持续发展，提高资源的利用效率，注重环境保护、促进生态平衡的经济发展方式。绿色经济应着重放在提供新能源、循环经济和资源回收的创新解决方案，以及环境监测和污染治理的技术创新。

（一）新能源

传统的化石能源（如煤炭、石油、天然气等）都是稀缺的自然资源。相比之下，可再生的减少温室气体排放或者零排放的新能源更节能环保，更利于推动全球可持续发展。常用的新能源类型包括太阳能、风能、水能、生物质能、地热能、潮汐能等。

太阳能是通过光伏技术将太阳光转化为电能，或者通过太阳热能系统将太阳能转化为热能。风能是通过风力发电设备将风能转化为电能。水能是利用水流、海浪等通过水力发电设备将水能转化为电能。生物质能是利用植物、农作物废弃物等经过燃烧或者发酵等转化为热能或者燃料。地热能是通过地热发电设备将地热转化为电能或者热能。潮汐能是通过潮汐发电设备将潮汐能转化为电能。可再生能源和清洁能源的发展和应用是未来创新创业的重要方向。

（二）环保材料

环保材料是指较少挥发和产生辐射，对人体健康不会造成危害，对自然环境不会造成污染的材料。环保材料安全、对环境友好，符合可持续发展大局观，其开发和利用是未来创业的重点。

新型环保材料可以分为以下几类：（1）无甲醛泡沫，适用于建筑行业和家具行业，具有良好的保温性能和环保性。（2）生物塑料，替代传统的塑料，是一种可生物降解的材料，适用于餐具、外包装等。（3）再生纤维，利用废旧纺织品、纸张等再生材料制成再生棉、再生聚酯纤维等。（4）无毒涂料和水性漆，适用于建筑行业和生活用品类，在满足人们装饰需求的同时达到零释放。（5）绿色黏合剂，是一种无污染的无毒无害粘合剂，适用于工业黏合和生活物品黏合。

（三）共享经济

互联网和数字技术平台的发展和普及打破了信息壁垒，在资源有限的前提下，通过交换、租借等方式实现个人、企业、政府之间的资源共享。共享经济有效地降低了资源消耗和环境污染，使资源能够被高效、低成本地循环利用。

很多行业可以实现共享，大致可分为以下几种：（1）共享交通，除了已经实现的共享单车、共享汽车，还可以开发共享家用汽车，相同通勤路线可以开发共享出行的搭乘，还可衍生出共享车位等。（2）共享住宿，为了满足旅行和远距离通勤需求，可以开发家庭式共享住宿。（3）共享办公，共享办公室、会议室、共享办公设备等。（4）共享生活物品，共享家用器具、设备、装备等，比如共享雨伞、共享烘烤机、共享旅行装备等。（5）共享农业，为了满足都市人对田园生活的留恋和向往，可以开发共享农田、共享农产品和农村生活空间。（6）共享个人经验和技能，分享、交换生活经验和技能。

七、旅游

文化和旅游部公布的《2023年国内旅游数据情况》显示，2023年国内出游人次48.91亿。其中，城镇居民是国内旅游的主要客源市场，占国内旅游总人次的

76.84%，农村居民占国内旅游总人次的23.16%。旅游成为人们的一种生活方式。我国已经呈现了以都市游（City Walk）、乡村游（Countryside tourism）、文旅融合（Integration of Culture and Tourism）为代表的"3C"旅游模式。以下简要介绍几种新型旅游方式。

（一）生态农业旅游

生态农业旅游是一种将农业与旅游结合，旨在让游客近距离接触自然环境、农田景观以及农业生产过程，同时体验农业文化和农村生活的旅游方式。生态农业旅游一般应考虑以下方面：

（1）自然环境。生态农业旅游通常选择在乡村或农田周边的自然环境中，提供了与自然亲近的机会。游客可以欣赏美丽的田园风光、呼吸新鲜空气的同时，了解自然生态系统和生物多样性的重要性。

（2）农业体验。生态农业旅游为游客提供了参与农业活动的机会。游客可以亲手参与农业生产过程，了解粮食和农产品的种植、收割、加工和销售等，参与食物从农田到餐桌的美食烹饪过程。

（3）农业文化。生态农业旅游也强调农业文化的传承和体验。游客可以了解当地的农村文化、体验农村民俗，参与农村庆典，观看民俗表演，游览农村市集，体验传统手工艺制作，等等。

（4）环保理念。生态农业旅游强调可持续发展和环境保护的重要性。在农业生产过程中采用有机农业和生态农业的做法，减少对环境的影响。游客可以了解有机农业的原理和实践，学习环保理念。

（5）教育意义。生态农业旅游提供一个教育平台，增加游客对农业、食物和环境的认识。通过参与农业活动、参观农业示范园区和聆听农业科普讲座等，游客可以学习到农业技术、食品安全和可持续农业的知识。

（6）休闲与娱乐。除了教育和体验，生态农业旅游也可提供休闲和娱乐的机会。游客可以在农田周围散步、骑自行车、钓鱼等，享受乡村生活的宁静和放松。

生态农业旅游在提供农业体验和农村文化交流的同时，也促进了农村经济的发展和农民收入的增加。它为城市居民提供了与大自然亲近、了解农业文化的机会，对于促进可持续农业发展、保护农村环境和传承农耕文化都有积极的作用。

（二）户外探险旅游

常见的户外探险有：（1）徒步旅行。选择适当的线路，步行穿越山脉、森林或河谷，近距离接触自然风光。（2）登山攀岩。挑战高山、岩壁，攀登峰顶或岩石峭壁，锻炼体能和技巧。（3）野外露营。在户外选择合适的地点搭建帐篷或露天露营，感受自然的宁静和星空的美丽。（4）水上运动。常见有皮划艇、冲浪、帆板等，利用水体开展挑战性运动。（5）骑行。选择合适的路线骑行，探索不同的地域和景观。（6）探洞。挑战地下洞穴，探索洞穴的奥秘和美丽。（7）摄影探险。利用摄影记录户外旅行中的美景和独特时刻。（8）野外求生训练。学习野外生存技能，如搭建庇护所、野外导航、生火等。（9）瀑布跳水。挑战自己的勇气和胆量，从高处跳入清澈的水中。（10）飞行运动。常见有滑翔伞、跳伞、飞行器、翼装飞行等，享受在空中飞行的刺激感。上述户外探险旅游都能带动旅游行业的发展。

（三）制造话题旅游

贵州榕江县举办的"和美乡村足球超级联赛"，在贵州省创造了一种全新的旅游产业化模式。2023年，该省接待游客数量达到了12.83亿人次，旅游总收入达到了1.47万亿元，成为促进乡村振兴发展、推动文旅体融合的杰出案例。又如，淄博市的"进淄赶烤"活动仅在2023年"五一"期间就吸引了20万名游客。同样，由哈尔滨冰雪旅游推动，东北三省的旅游收入在2023年末相较去年同期增长了一倍。

此外，"围炉煮茶""特种兵打卡式旅游""盖章式旅游""演唱会旅游""City Walk""国风国潮沉浸穿越"等话题，都为旅游产业带来了推动力，产生了意想不到的效果。

（四）文旅结合旅游

挖掘旅游景点的文化特性、典故传说、历史人物、历史事件、文艺IP等，都可以作为旅游景点的附加价值。"到此一游"的简单打卡已不能满足人们的精神追求，人们需要深度的文化浸润和情感共鸣。自然景观、历史遗迹、文化名城、主题公园、艺术展览、音乐演出、戏剧表演、民俗节庆、古建筑、博物馆、古镇古村等，都是将文化元素融入旅游，都是城市旅游的主要内容。例如，洛阳2023年"五一"期间开展的《唐宫乐宴》沉浸式演艺、国风穿越节、全城剧本杀等活动，带动了洛阳旅游行业的进一步发展。

（五）小众城市旅游

一些小众城市具有独特的地理位置、历史背景、文化特色和旅游资源。特殊的建筑风格、传统的手工艺、独特的食物、充满特色的文化节日等都可以作为旅游宣传点。非传统的旅游活动和体验，如参加当地的工艺品制作工坊、学习当地的传统舞蹈或料理、泼水节、火把节、斗马节、肉孜节等，可以让游客更深入地体验当地文化和生活方式。此外，小众城市中可能存在一些被忽视或不为人知的景点和地点。通过当地向导、查阅地图和旅游指南，寻找到这些隐藏的宝藏，可以享受到独特和宁静的旅游体验。

目前，淄博、榕江、霞浦、平潭、芒市、威海、泰安、江门等城市人气逐步升高，全国城市旅游之间的竞争格局正在悄然发生改变，"老牌与新兴""大众与小众""传统与新潮"并存共生。

（六）智慧旅游

智慧景区是指利用信息技术和智能化设备来提升景区管理、游客服务和体验的旅游目的地。这些技术和设备可以包括物联网、大数据分析、人工智能、无人机、智能导览系统、移动应用程序等，以提供更高效的管理、更便捷的游客服务和更丰富的旅游体验。目前已有大量科技公司与景区展开投资与合作，为景区提供全方位的技术支持，在景区提供智能导览、虚拟现实体验、无人机巡逻、智能安全系统等，全力打造智慧景区。

旅游创业要加强对景点的历史挖掘、文化呈现。让游客在游览中产生共鸣与情感，沉浸于历史交互的场景中。通过影视作品和小说故事，开发探寻踪迹的路线旅游，比如寻找张国荣住过的酒店、张爱玲去过的咖啡馆、探寻《霍比特人》的拍摄地，都是旅游行业的创业机会。

八、养老

（一）群居式养老

群居式养老是指通过养老院、老年公寓、休养庄园等方式将老年人聚集在一起，提供老年人居住、护理、康复等一体化服务，为老年人提供交流和陪伴的环境。群居式养老可以固定场所，也可以采用短租度假的方式。比如候鸟式养老旅行，冬季在南方康养居住，夏季在北方休闲定居。还有老年农场的形式，由老年人打理农场，作为休闲度假场所吸引游客，使老年人既享受了农耕田园生活，又可自食其力，体现老年人的社会价值。

（二）居家养老服务

居家养老服务是指为老年人提供上门服务如日常个人护理、家庭清洁、餐饮配送、代购代收、健康监测等。居家养老服务可以提供社交陪伴，陪同外出活动；提供家庭修缮和改造，安装无障碍设施、防滑设施、报警设施等；研发和销售适合老年人的康复辅具，如轮椅、拐杖、助听器等，帮助他们提高生活自理能力。

（三）老年教育与培训

创办老年大学，提供各种培训和活动，如舞蹈和演艺、智能设备使用培训、健康养生方法、手工艺品制作、插花、绘画、陶艺。还可以开办老年健身房，带领老人学习各种体育运动如瑜伽、舞蹈、游泳、太极拳、球类、轻量级力量训练等，既能锻炼身体，又能愉悦心情，还可同时提供康复运动、预防性运动等。

（四）老年人再就业

对于低龄老年人和有劳动能力的老年人，可以鼓励他们再就业。老年人利用自身的经验，可以从事一些咨询和顾问工作、教育培训工作；可以参与社区志愿工作、农业园艺工作；可以与年轻上班族共享生活空间，老年人为年轻人整理房间，承担起对儿童或者宠物的看护、照顾工作，年轻人为老年人提供陪伴和引导现代化生活，保持其与社会的信息接轨。有专业技能的老年人，则可以在行业内发挥自己的特长。

（五）智慧养老

利用智能化、信息化技术开发智能养老产品和服务，智慧养老产业可以催生多种创业机会。

（1）智能健康监测。利用传感器、智能手环等可穿戴设备监测老年人的生理指标和健康状况，如血压、心率、步数等。可以通过手机或平台进行实时监测和远程管理，及时预警和干预。

（2）智能居家设备。智能家居设备和可穿戴设备可以帮助老年人管理居家环境，如智能灯光、智能锁、智能炉灶等。老年人可以通过手机或语音控制设备，提高生活的便利性和安全性。

（3）远程医疗和健康服务。通过互联网平台，老年人可以在线咨询医生、购买药品、预约体检等。还可以通过远程医疗技术进行远程会诊和远程监护，减少就医的时间和成本。

（4）社交和娱乐。利用社交媒体、在线社区、视频通话等工具，老年人可以与家人、朋友和社区保持联系。还可以通过在线学习、棋牌游戏、音乐和电影等方式进行娱乐和休闲活动。

（5）智能护理和康复。智能护理设备和康复设备可以帮助老年人进行康复训练和护理，如智能助行器、智能床垫、远程康复指导等。通过智能设备，可以提高老年人的护理效果和康复效果。

（6）智能安全和防护。智能安防设备和监控系统可以提供老年人的安全保护，如智能门禁、视频监控、紧急呼叫系统等，可以及时发现和应对老年人可能遇到的安全风险。

（7）数据管理和分析。通过对老年人健康数据、生活习惯和服务需求的收集和分析，可以为养老机构和护理人员提供个性化的养老服务和护理服务。

第三节　创业机会的评估

创业机会需要进行专业而谨慎的评估才能确定其可行性。创业机会的评估方法有多种，以下是几种常用的方法。

市场需求评估。评估目标市场的需求和潜在市场规模，包括了解目标市场的人口统计数据、消费趋势、竞争情况、市场空白以及潜在的增长机会。通过市场调研、问卷调查、分析行业报告等方法，来评估市场需求的真实性和潜力。

竞争分析。评估当前市场上的竞争对手及其优势和劣势。了解目标市场中的竞争格局、竞争者的产品或服务特点、定价策略、营销渠道等，可以帮助判断自己的创业机会是否有竞争优势和可持续发展的可能性。

技术可行性评估。如果创业机会涉及新技术或创新领域，评估技术的可行性和成熟度是非常重要的。这包括评估技术的可行性、知识产权相关情况、技术团队实力等。如果技术不成熟或存在高风险，可能需要重新考虑创业机会。

财务分析。通过财务分析来评估创业机会的盈利能力和财务可行性。这包括制定财务预测模型、评估投资回报率、评估成本结构、分析盈亏平衡点等。财务分析可以帮助判断创业机会是否具有盈利潜力和可持续发展的能力。

风险评估。评估创业机会的风险因素，包括市场风险、竞争风险、技术风险、法律和政策风险等。这有助于了解创业机会的潜在风险和挑战，并制定相应的风险管理策略。

除此之外，项目的盈利模式、可持续性、进一步的发展空间等都是创业项目评估的重要内容。

拓展启示

创业路上的社会责任感

大学生创业是一项充满挑战和机遇的活动，创业体现了年轻人的社会责任感。在创业的路上，追求利润的同时更要积极回馈社会，体现出对社会的担当和责任。首先，大学生应了解社会的发展需求，在创业过程中考虑社会影响，避免损害公共利益。其次，要建立可持续发展的创业模式，注重经营过程中的环保、社会责任和道德规范，从而实现经济效益与社会效益的双赢。最后，在创业过程中要关注弱势群体的需求，积极参与公益活动，助力社会公益事业的发展。大学生应树立正确的社会责任观，为社会的可持续发展贡献自己的力量。

第五章

项目运营与管理

案例导读

蜜雪冰城的商业模式

1997年,张某超还是郑州卖刨冰冷饮的街头小贩,2000年,他创立了自己的冷饮店并命名为"蜜雪冰城"。截至2023年9月30日,蜜雪冰城全球门店数超过36 000家,加盟商伙伴超过16 000名,覆盖中国及海外11个国家。其快速扩张得益于完善的商业模式,具体体现为:

(1)极致的性价比。其饮品并非同类产品中口感最好的,而是相对好喝但绝对低价,核心定位是极致的性价比。

(2)独特的盈利方式。其拥有自有供应链,本质上是一家集成式供应链公司,蜜雪冰城供应给加盟商的原材料中约60%都是自产,超过90%的收入主要来自食材、包装材料、设备设施等向加盟商的销售,而非靠卖饮品盈利。

(3)规模优势。其通过深入上游生产、采购、物流供应链等环节,降低了生产成本,确保产品物美价廉,为加盟商提供了利润空间,充分利用其规模优势有效摊平营销费用。在市场不饱和阶段,其依托供应链优势,强化单店可复制性,持续吸引加盟商加入,验证了下沉市场扩张的有效性。

(4)单店加盟模式。其采用单店加盟方式,只收取加盟费,不参与分成,甚至还提供开店贷款,这有助于在短时间内实现快速扩张。

(5)营销推广。其通过社交媒体平台营销,在微信公众号、抖音、微博等平台上开设账号,发布新品信息、活动信息等内容,吸引年轻消费者关注。

在现制茶饮产业链布局上,蜜雪冰城已打造集产品研发、生产、仓储物流、销售、连锁经营为一体的完整产业链,形成了上游管住成本和品控、中游管住库存和周转、下游保证规模化和标准化的商业闭环。

此外,蜜雪冰城积极开展与其他品牌的联名合作等活动,如与中国邮政联名,通过渠道共享、相互赋能,实现资源的更高效利用和商业模式的创新。这种合作可以让蜜雪冰城借助对方的网点资源快速扩张规模,并降低房租和人工成本,占领广大下沉市场。同时,为合作方补齐了品牌IP、管理团队和供应渠道等方面的短板。

第一节　商业模式

一、商业模式的概念

商业模式通常是指一个企业或组织创造价值并获取利润所采取的方式和方法。它涵盖了企业的运营方式、盈利模式、客户群体、合作伙伴关系、资源配置等方面。一个好的商业模式能够帮助企业有效地运营并获得持续的竞争优势。商业模式通常描述了企业如何为客户提供产品或服务、如何与客户建立关系、如何获取收入、如何控制管理成本、如何利用资源等内容。不同的企业可能会有不同的商业模式，要根据所处的行业、市场定位、竞争策略等因素来设计和调整商业模式。

商业模式涵盖了产品设计、生产、营销直至客户售后服务的全过程。不同行业对商业模式的侧重并不相同，例如，制造业更关注生产效率和成本控制，而服务业则更重视客户体验和服务创新，技术行业对商业模式的探索集中于产品创新和快速迭代上。在理论上，不同学科专家对商业模式的解读也有所不同，经济学家从市场结构和竞争策略的角度来分析商业模式，而管理学者更关注组织结构、领导方式和企业文化等要素，信息技术专家则更侧重于商业模式中的技术创新和数字化转型。可见，商业模式的发展是一个动态的过程，需要实务界和学术界在实践与理论中不断调适。

对于企业来说，随着市场环境的变化、技术的进步和消费者需求的转变，必须保持对商业模式的创新，以维持和扩大市场竞争优势。企业不仅需要具备敏锐的市场洞察力和灵活的策略调整能力，以适应不断变化的商业环境；还需要跨学科的知识融合和团队协作，以确保商业模式的有效落实和持续优化。为了充分理解企业运行的框架，以下从四个维度对商业模式进行解读。

（1）经济学角度。把商业模式视为企业的经济模式，重点关注企业如何获得利润。在这个视角下，商业模式涉及价值提案、定价策略、收入来源、成本结构等要素。例如，订阅制模式允许企业通过持续提供服务或产品访问来产生稳定的收入流。

（2）企业运营角度。从运营的角度来看，商业模式强调的是如何通过企业内部流程和基础架构来协同工作以创造价值，主要包括供应链管理、生产流程、技术应用、人力资源配置等。例如，精益生产模式侧重于效率和消除浪费，旨在通过优化内部流程来提高价值创造。

（3）企业战略角度。在这一维度下，商业模式被视为企业战略选择，包括市场定位、竞争策略、增长途径、创新等。企业战略角度重点关注如何应对竞争和把握发展机遇。例如，蓝海战略就是通过创建新市场空间，避免与竞争对手直接对抗的一种商业模式。

（4）优化整合角度。商业模式是企业经济模式、运营结构和战略方向的综合体。它不仅涵盖了如何推动企业运行和创造利润，还包括企业定位及如何在长期发展中保持竞争力和可持续性。它要求企业在多个层面上不断优化和创新，以在不断变化的商业环境中保持领先。

商业模式是指能够描述企业如何创造价值、传递价值和获取价值的基本原理。首先，商业模式需要阐明企业是如何创造价值的，包括产品或服务的开发、创新流程，以及如何满足或创造市场需求。例如，一家技术公司可能通过研发新技术或改进现有产品来创造价值。这一过程不仅涉及产品本身，还包括对市场需求的理解、技术创新的应用，以及持续的质量改进。其次，商业模式应描述如何将企业价值有效地传递给消费者或其他利益相关者。这涉及销售和分销渠道的选择、营销策略、客户服务以及用户体验。例如，企业可以通过线上平台、全球分销网络或直接销售来传递产品或服务。传递价值的有效性直接影响客户满意度和品牌形象。最后，商业模式需要阐释企业如何获取价值，这通常是以利润的形式体现。主要包括定价策略、成本控制、收入流和盈利模式等方面。例如，一家企业可能通过订阅模式、广告收入或提供增值服务来获取价值。在此过程中，企业需要平衡成本和收入，以实现财务可持续性。

二、商业模式画布

商业模式画布（The Business Model Canvas），是亚历山大·奥斯特瓦德（Alexander Osterwalder）、伊夫·皮尼厄（Yves Pigneur）在《商业模式新生代》一书中提出的一种用来描述商业模式、可视化商业模式、评估商业模式以及改变商业模式的通用语言。画布可以帮助企业管理者、创业者们提出商业创意，并按照画布找到自己的目标客户，从而解决现实问题。

商业模式画布主要由四个方面、九大要素组成。四个方面是指：价值主张、资源能力、客户层面、盈利模式。九大要素分别为：价值主张、客户细分、客户关系、渠道通路、收入来源、核心资源、关键业务、重要合作伙伴、成本结构。通过商业模式画布的绘制，可以具体、直观地对企业商业模式进行展示和分析（参见表5-1）。

表 5-1　商业模式画布的九大要素

重要合作伙伴：能够为企业商业活动提供支持的机构、人员等	关键业务：企业生产经营过程中所从事的能够满足客户需求的、带来收益的核心活动	价值主张：针对竞争对手的策略；企业为目标客户及合作伙伴提供的价值	客户关系：企业与客户之间构建的一种长期合作关系	客户细分：企业对用户群进行分类服务的过程
	核心资源：企业从事生产经营依赖的资金、技术、人才等资源		渠道通路：企业与目标客户群之间建立联系的方式	
成本结构：维持企业经营发展的成本及其构成		收入来源：企业获得收入与利润的方式		

（一）价值主张

价值主张（Value Proposition），是指企业为客户提供的独特价值，以及产品或服务的核心特性。它回答了客户为什么选择你的产品或服务而不是竞争对手的问题。价值主张直接关系到客户的需求满足和企业的市场定位。价值主张通常包含六个方面的内容：（1）产品或服务的特性；（2）产品或服务如何解决客户的痛点；（3）与竞争对手相比，产品或服务的独特优势；（4）产品或服务如何满足客户的情感需求，比如品牌认同、归属感；（5）产品或服务的定价策略和价格优势；（6）产品或服务的获取是否方便，如购买渠道、交付方式等。在设计价值主张时，企业需要深入了解目标客户的需求和期望，以便创建能够吸引和保留客户的产品或服务。有效的价值主张能够清晰地传达企业的核心优势，帮助企业在激烈的市场竞争中脱颖而出。

在构建价值主张时，企业需要深入分析目标市场，了解客户的具体需求、偏好和行为模式，同时关注竞争对手的战略和市场表现。基于这些信息，企业可以开发出契合市场和客户需求的产品和服务，创建与之相匹配的市场营销策略。此外，企业应在价值主张中力求创造额外的"新"价值，例如通过鼓励技术创新来为客户创造更为卓越或个性化的品牌体验。通过清晰且有说服力的价值主张，企业不仅能够在市场中脱颖而出，还能与目标客户和合作伙伴建立更深层次的关系。这种策略帮助企业在目标市场中确立市场地位，增强品牌认知度和客户忠诚度，最终推动业务增长和市场扩张。因此，企业需要精心制定和执行明确的价值主张。

相关案例

格力的价值主张

格力一以贯之的价值主张是"掌握核心科技"，致力于通过技术创新实现产品的价值创造，突出产品与服务带来的功能性体验，以高品质和一流服务满足消费者需求。

此外，格力将"让天空更蓝、大地更绿"确立为发展理念，围绕更节能、更低碳技术进行攻关。例如，其自主研发的"地铁车站用高效直接制冷式空调机组"为轨道交通的节能化发展提供了新的可能，"高效动压气悬浮离心压缩机关键技术"对降低大型公共建筑空调能耗具有重要意义。

这些价值主张帮助格力在市场上树立了良好的品牌形象，并赢得了消费者的认可和信赖。

（二）关键业务

关键业务（Key Activities），是指企业为了提供价值主张、满足客户需求、获取收入和保持竞争优势所必须执行的最重要的活动。关键业务通常包括七个方面的内容：（1）组织生产，制造产品或提供服务；（2）解决客户面临的问题或满足其需求；（3）维护和优化平台或网络的运营；（4）提供客户服务和支持；（5）推广产品或服务，吸引和保留客户；（6）创新和改进产品或服务；（7）采购必要的原材料或获取资源。这些活动是企业运营的核心，它们直接影响企业的盈利能力和市场地位。在商业模式画布中，关键业务与其他模块共同构成了一个完整的商业模式。

一个企业的关键业务通常是其核心竞争力的体现，它展示了企业在特定领域的专长和优势。例如，对于一家技术创新型企业，其关键业务可能是研发的新技术或新产品；对于一家服务型企业，则可能是其提供的高质量客户服务。这些业务不仅能够吸引并保留客户，还能够在市场中为企业创造独特的价值定位。因此，明确和强化关键业务对于企业的长期发展至关重要。企业需要不断加大对这些核心领域的投资，无论是通过资源配置、人才培养还是技术创新，都要确保关键业务能够持续发展，以不断适应市场的变化和客户的需求演变。通过有效地管理和优化这些核心活动，企业可以确保其在市场上的领导地位，并实现长期成功。

（三）核心资源

核心资源（Key Resources），是指公司为了提供价值主张、服务客户和维持其商业模式所必须拥有或控制的资产。核心资源通常包括六个方面：（1）物理资源，如生产设施、房地产、原材料等；（2）知识资源，包括专利、版权、商标、商业秘密等知识产权；（3）人力资源，包括公司的员工、领导团队、顾问等；（4）金融资源，包括资金、信贷、投资等；（5）技术资源，包括软件、硬件、IT系统等；（6）品牌和声誉，包括公司的品牌形象和市场认知度。核心资源是公司提供产品和服务的基础，是实现商业目标的关键。不同的商业模式可能依赖于不同类型的核心资源。例如，一家制造企业可能更依赖于物理资源和金融资源，而一家咨询公司可能更依赖于人力资源和技术资源。对于初创企业而言，更重视资金资源、技术资源和人才资源。

（1）资金资源。资金为企业的日常运营、投资活动和长期发展提供了保障。无论是初创企业还是成熟企业，有效的资金管理和配置非常重要。初创企业的资金通常用于产品开发、市场研究、人才招聘和营销活动等方面，合理地分配资金可以帮助企业更好地开展业务。对于成熟企业而言，有效的资金管理意味着在维持日常运营的同时，还要寻求企业扩张和业绩增长的机会，包括扩大生产线、开拓新市场、收购或合并其他公司，或者投资新技术等。成熟企业通常需要更复杂的财务规划和分析，以确保资金的有效利用，同时保持财务健康和盈利能力。控制成本和提高资金使用效率也是资金管理的重要组成部分，包括监控运营成本、优化供应链管理、提高生产效率和实现规模经济等。资金资源的有效管理和配置是实现企业长期发展和扩张的基础。

（2）技术资源。掌握或研发最新技术不仅是获得市场优势的重要方式，更是企业长期发展的核心驱动力。技术创新引导了企业的产品开发、生产效率、服务质量和客户体验的优化。在产品开发方面，通过利用最新的技术，企业能够提高产品性能，减少生产成本，缩短研发周期，并最终提高市场竞争力。例如，利用人工智能和机器学习算法可以帮助企业预测市场趋势，从而指导产品设计和功能改进。在生产效率方面，采用先进的生产技术如自动化机器人、物联网设备和智能制造系统，可以提高生产效率，降低运营成本，并提高产品质量。在提高服务质量和优化客户体验方面，采用如客户关系管理（CRM）系统、移动应用和在线服务平台等数字化工具和平台可以帮助企业更有效地与客户互动，提供个性化服务，增强客户满意度和忠诚度。数据分析和大数据技术还可以帮助企业更好地理解客户需求和行为，从而使营销策略和产品开发更加精准有效。企业需要不断投资于新技术的研发和应用，以在激烈的市场竞争中保持领先地位。

（3）人才资源。拥有一支高技能、具备创新思维和专业知识的人才队伍，是企业的稀缺资源。这些人才不仅维护企业的日常运营，还推动企业适应市场变化、探索新机遇和保持竞争优势。引进优秀人才是企业发展策略的第一步。企业不仅要广纳人才，还要提供培训和专业发展机会，鼓励他们创新和实验。激励机制是维持员工积极性和忠诚度的重要因素。通过有效的人力资源管理，企业才能够拥有一支专业、高效的人才团队。

（四）重要合作伙伴

重要合作伙伴（Key Partnerships），是指那些对公司商业模式至关重要的合作伙伴关系。这些合作伙伴可以是供应商、分销商、外包服务提供商、合资企业、战略联盟伙伴，甚至是竞争对手。重要合作伙伴可以帮助公司降低风险、获取资源、分摊成本、进入新市场或提高效率。与合作伙伴共享技术、知识产权、市场渠道等资源,可以降低成本和风险。合作伙伴可以共同承担项目风险,减少单一公司的负担。合作伙伴可能拥有彼此所缺乏的资源或能力,通过合作可以互补彼此的不足。通过合作伙伴的网络和资源,公司可以更容易地进入新市场或扩大现有市场。通过联合品牌或共同开发新产品,可以帮助公司在市场中获得竞争优势,帮助公司提高运营效率。合作伙伴可以是机构、个人、政府部门或其他企业。这些伙伴通过各种方式参与并支持企业的各个环节,为企业的发展提供了必要的增值服务。

(1)供应商。供应商可以提供原材料、零部件、服务等重要资源,确保企业能够生产出满足市场需求的产品或服务。

(2)分销商。通过与供应商和分销商的合作,企业能够扩大产品或服务的销售网络,提高市场覆盖率和客户忠诚度。

(3)技术支持服务商。技术支持服务商提供技术支持、培训、咨询等服务,帮助企业提高运营效率和产品质量。

(4)专业服务提供商。专业服务提供商提供法律、会计、税务、人力资源等专业服务,帮助企业提升管理效率和合规性。

(5)其他组织。与企业有业务合作的其他组织或个体,包括金融机构、政府机构、非营利组织等,共同推动企业的发展和创新。

(6)顾客和消费者。通过与顾客和消费者建立长期的合作关系,企业能够提供个性化的产品和服务,满足消费者的需求和期望。

(7)技术提供商。技术提供商提供技术支持、软件开发、人工智能等技术,帮助企业提高产品或服务的创新能力和竞争力。

(8)媒体和公众。通过与媒体和公众建立良好的合作关系,企业能够通过各种渠道传播品牌信息,提高品牌知名度和影响力。

(五)客户细分

客户细分(Customer Segments),是指将市场中的潜在客户划分为不同的群体,根据其特征、需求和行为进行分类,以便更好地理解和满足不同客户群体的需求。客户细分有助于企业确定目标客户,开展精准的市场定位和营销策略。以下是一些常见的客户细分方式:

(1)基础细分。根据基本的人口统计特征,如年龄、性别、地理位置、收入等,将市场划分为不同的群体。

(2)行为细分。基于客户的购买行为和偏好,将市场划分为不同的行为群体,如高价值客户、重复购买客户、潜在客户等。

(3)需求细分。根据客户的需求和问题,将市场划分为不同的需求群体,如价格敏感客户、功能需求客户、品牌忠诚客户等。

（4）渠道细分。根据客户的购买渠道和偏好，将市场划分为不同的渠道群体，如线上购买客户、线下购买客户、社交媒体用户等。

（5）价值细分。根据客户对产品或服务的价值和贡献，将市场划分为不同的价值群体，如高利润客户、低利润客户、潜在增长客户等。

客户细分的目的是更好地理解和满足不同客户群体的需求，提供个性化的产品和服务，并制定相应的市场营销策略。企业需要深入研究和了解不同客户细分的特征和需求，以便有效地吸引、留住和发展客户，提升市场份额和竞争力。

（六）客户关系

客户关系（Customer Relationships），是指企业与客户之间建立和维护的互动关系。客户关系是企业与客户之间的接触点和交流方式，旨在满足客户的需求、为客户提供支持和建立良好的客户体验。以下是一些常见的客户关系类型：

（1）个人化关系。企业与每个客户建立个人化的关系，了解他们的需求和偏好，并提供定制化的产品和服务，以满足客户的个性化需求。

（2）自助关系。通过提供自助服务平台，如在线帮助中心、常见问题解答、自助结账等，让客户能够自主解决问题和获取所需信息。

（3）社区关系。建立客户社区或在线论坛，让客户之间可以互相交流、分享经验和提供支持。

（4）个别化关系。针对特定客户群体或重要客户，提供专门的客户经理或代表，与他们保持密切的联系和沟通，提供个别化的服务和支持。

（5）长期关系。通过建立长期的合作伙伴关系，与客户密切合作、共同成长，提供持续的支持和服务。

（6）自动化关系。利用技术和自动化系统，建立和维护客户关系，如自动化邮件营销、客户关系管理系统等，提供高效和规模化的客户服务。

（7）倾听关系。通过定期的客户反馈和调研，倾听客户的声音和意见，改进产品和服务，提供更好的客户体验。

企业需要根据自身的业务模式和目标客户群体，选择合适的客户关系类型，并确保客户关系的持续改进和优化，以提升客户满意度和忠诚度。

（七）渠道通路

渠道通路（Channels），是指企业用来向目标客户传递产品或服务的方式和途径。渠道通路是连接企业与客户之间的桥梁，起到推广、销售和交付产品的作用。以下是一些常见的渠道通路类型：

（1）直销。企业直接向客户进行销售，通过自有的销售团队、门店、展厅等方式与客户直接接触和交互。

（2）零售渠道。企业通过与零售商合作，将产品或服务放置在零售店铺中销售，利用零售商的渠道和品牌影响力触达更多的客户。

（3）网上销售。企业通过电子商务平台或自有网站，让客户在线上购买和交易，提供方便快捷的购物体验。

（4）批发渠道。企业通过与批发商合作，将产品批量销售给零售商或其他企业，以提高市场覆盖率和销售量。

（5）代理商和分销商。企业与代理商或分销商建立合作关系，让其代表企业销售产品或服务，扩大销售网络和市场份额。

（6）社交媒体。企业利用社交媒体平台，通过品牌推广、内容营销等方式与客户进行互动和交流，促进产品或服务的销售。

（7）电话销售和呼叫中心。企业通过电话销售团队或呼叫中心，与客户进行沟通和销售，提供个性化的服务和支持。

（8）合作伙伴关系。企业与其他企业或组织建立合作伙伴关系，共同推广、销售和交付产品或服务，实现互利共赢。

企业需要根据产品特性、目标客户群体和市场需求，选择合适的渠道通路，以确保产品能够高效地传递给目标客户，并提供优质的购物体验。同时，企业需不断优化和调整渠道通路，以适应市场变化和客户需求的变化。

（八）收入来源

收入来源（Revenue Streams），是指企业通过销售产品或提供服务而获得的收入来源。收入来源是企业盈利的主要途径，对企业的财务健康和可持续发展至关重要。以下是一些常见的收入来源类型：

（1）销售产品。通过销售实体产品或数字产品，获得销售额和利润。包括一次性销售、重复销售、订阅销售等不同的销售模式。

（2）订阅服务。提供定期订阅服务，如软件订阅、会员服务、内容订阅等，以稳定的订阅费用为收入来源。

（3）广告收入。通过向其他企业或组织提供广告展示或推广服务，获得广告费用。包括线上广告、媒体广告、赞助等不同形式。

（4）授权和知识产权费用。通过授权企业的知识产权、专利、品牌、商标等给其他企业使用，获得授权费用或特许权使用费。

（5）交易手续费。作为平台或中介，收取交易双方的交易手续费。例如，电商平台收取销售商的手续费、金融机构收取交易的手续费等。

（6）服务费用。提供各种附加服务或增值服务，如技术支持、培训、咨询等，收取相应的服务费用。

（7）租赁和许可费用。通过租赁或许可企业的技术、专利、品牌等给其他企业使用，获得相应的许可费用。

（8）资产租赁。将企业的资产（如房屋、机器设备等）出租给其他企业或个人，获得租金收入。

企业需要根据自身产品或服务的特性，选择适合的收入来源，并确保收入模型与企业的成本结构和价值主张相匹配。同时，企业还需要不断探索和创造新的收入来源，以应对市场变化和竞争压力。

（九）成本结构

成本结构（Cost Structure），是指企业在运营和提供产品或服务过程中所需的各种成本。成本结构是企业盈利能力和可持续性的重要组成部分，对企业的财务状况和竞争力影响重大。以下是一些常见的成本结构类型：

（1）人力资源成本。包括员工工资、福利、培训等与人力资源相关的费用。

（2）物料和原材料成本。用于生产产品或提供服务所需的物料和原材料的成本。

（3）设备和设施成本。购买、租赁、维护和修理设备等的成本。

（4）研发成本。用于产品研发、技术创新和设计的成本。

（5）营销和广告成本。用于市场推广、广告宣传、促销活动等的成本。

（6）渠道和分销成本。与产品分销、渠道开发和管理相关的费用。

（7）运营成本。包括办公场地租金、水电费、仓储费用、物流成本等与日常运营相关的费用。

（8）技术和信息技术成本。与技术设备、软件、信息系统和网络等相关的费用。

（9）财务成本。包括利息、贷款、投资回报等与财务活动相关的费用。

（10）管理和行政成本。与企业管理、行政支持和运营管理相关的费用。

企业需要合理控制和管理成本结构，以确保在提供产品或服务的同时保持盈利能力。同时，企业需要根据市场需求和竞争环境，灵活调整成本结构，以适应变化的市场条件和持续提升竞争力。

第二节　品牌设计

美国市场营销协会（American Marketing Association，AMA）在1960年强调品牌是用于区分销售者及其产品或服务的名称、术语、标记、符号和设计的组合，这为品牌设计的概念奠定了理论基础。品牌设计（Brand Design），是为了塑造和传达企业或产品的市场形象，通过一系列视觉和感官元素建立和管理消费者对品牌认知的过程。它涵盖了品牌名称、标志（logo）设计、视觉识别系统（VI）、包装设计、广告创意、网站界面、社交媒体形象等内容，使品牌有明确的视觉辨识度。品牌设计是通过图文和颜色的协调布局创建的企业标识，其中蕴含着企业文化、企业形象、市场定位的深刻解读。以下是一些品牌设计的要素，可供创业借鉴。

（1）明确品牌定位。清晰地定义品牌的名称、意义，以及目标消费群体，让消费者能够理解产品或服务的独特卖点，以及与竞争对手相比的优势。

（2）品牌命名与logo设计。选择一个既有创意又易于记忆的品牌名称，并设计一个与之相匹配的logo。logo应当简洁、富有含义，跨越不同的媒介传播时仍可保持辨识度。可以考虑与专业设计师合作，或者利用在线设计工具来辅助设计。

（3）品牌故事。构建一个引人入胜的品牌故事，让消费者能够与之产生情感共鸣。这个故事应当真实反映品牌的核心价值、创立初衷及愿景，有助于建立品牌忠诚度。

（4）视觉识别系统（VI）。除了logo之外，还需要一套统一的视觉识别系统，包括色彩搭配、字体选择、图案元素等，确保在所有营销途径上的一致性，增强品牌的辨识度。

（5）社交媒体与数字营销。利用社交媒体平台来推广品牌，根据目标受众的特点选择合适的平台，如微博、微信公众号、抖音、小红书等。通过有深度的或者有趣的内容来吸引并保持用户的关注。

（6）客户体验。优秀的品牌设计还包括客户体验过程。确保从产品使用、客户服务到售后支持的每一环节都能体现品牌的承诺和价值观。

品牌设计不仅仅是创建一个标志或设计一套视觉元素，而是一个全面的策略，旨在建立和维护一个独特、一致且有吸引力的品牌形象，以促进品牌认知、差异化，提高市场竞争力。对于创业者尤其是大学生创业者而言，虽然资源有限，但创意无限，通过精准的市场定位、富有感染力的品牌故事以及有效的数字营销策略，同样可以在市场中脱颖而出。

第三节　市场营销

美国市场营销协会（AMA）在1960年把市场营销（Marketing）定义为：引导货物和劳务从生产者流向消费者或用户的企业商务活动过程，它通过对构想、商品和服务进行定义、定价、促销和流通等活动，实现满足个人和组织目标的交换。

市场营销的本质在于通过产品和服务的市场交换来实现企业效益的最大化和顾客价值的创造。这个过程不仅涉及产品的销售，还包括市场研究、客户需求分析、产品设计、品牌建设、促销策略、客户服务等多个环节。企业通过这些活动来理解和预测市场趋势，识别目标顾客的需求和偏好，然后设计和改进产品或服务以满足这些需求。

在市场营销过程中，创造顾客价值成为关键目标。企业通过努力提供高质量、创新性和定制化的产品和服务来满足顾客的个性化需求，从而在顾客心中建立价值感知，不仅能提高顾客的满意度和忠诚度，而且通过口碑传播等方式吸引新客户，为企业带来更大的市场份额和收益。有效的市场营销策略还包括品牌定位和品牌形象的建立，这有助于企业在竞争激烈的市场中脱颖而出。通过广告、公共关系活动、社交媒体营销等手段，企业能够建立强大的品牌形象，吸引目标市场，提高产品的市场认知度和销售率。此外，市场营销强调与顾客的持续沟通和关系维护。企业通过各种渠道与顾客互动，收集反馈，以便不断优化产品和服务。这种长期的客户关系管理有助于企业更好地理解和预测市场变化，确保在市场上的持续竞争力和盈利能力。

可见，市场营销是一项综合性、动态的业务活动，它不仅仅是销售产品和服务，更是一个持续的、以顾客为中心的战略过程。通过这个过程，企业能够不断创新，满足顾客需求，建立品牌，提高市场份额，从而实现长期的商业成功。

一、STP营销

STP营销是一种市场细分（Segmentation）、目标市场（Targeting）和市场定位（Positioning）的营销策略。这个概念是现代营销理论的核心组成部分，由市场学家温德尔·史密斯（Wendell Smith）在20世纪50年代提出。STP营销策略帮助企业更有效地定位产品或服务，以满足特定消费者群体的需求。

（1）市场细分。市场细分是将广泛的市场按照消费者的不同需求、特征或行为进行分组的过程。细分可以基于多种标准，如地理位置、人口统计特征、心理特征、行为特征等。细分的目的是识别出具有相似需求和偏好的消费者群体，以便企业能够更精确地满足这些群体的需求。

（2）目标市场。目标市场是指企业决定服务的特定市场细分群体。企业需要评估每个细分市场的吸引力，并选择一个或多个细分作为其营销活动的焦点。目标市场的选择基于市场潜力、竞争状况、企业资源和能力等因素。

（3）市场定位。市场定位是使产品或服务在消费者心中建立独特、明确和吸引人的形象的过程。定位涉及创建和传达价值主张，突出产品或服务相对于竞争对手的独特卖点。通过有效的市场定位，企业能够在消费者心中建立品牌认知，并影响消费者的购买决策。

STP策略帮助企业更有效地分配资源，通过满足特定消费者群体的需求来提高市场竞争力。其优势在于帮助企业更精准地了解和满足目标客户的需求，有效利用有限的资源，提高市场营销的效率和效果。通过市场细分和目标市场选择，企业可以更有效地定位自己的产品或服务，将有限的市场资源投放到最有潜力的市场上。同时，通过定位策略，企业可以建立独特的品牌形象，与竞争对手进行区隔，赢得消费者的青睐和忠诚度。

相关案例

娃哈哈的STP营销策略

在市场细分上，娃哈哈从地理细分、最终使用者细分、人口细分、心理细分四个方面布局。地理细分：娃哈哈在全国市级区域设有一个大型经销商，再在各县级区域设置多个县级代理商，运用独创的"联销体"在全国形成营销网络，且销售重点在于营销终端。最终使用者细分：按照使用者需要和利益不同，娃哈哈生产不同类型的产品，包括含乳饮料、瓶装水、碳酸饮料、茶饮料、果汁饮料、罐头食品、医药保健品、休闲食品八大类近100个品种的产品。人口细分：通过对全国营养液市场的调查分析，娃哈哈发现国内没有儿童专用营养液，而每个家庭这个细分市场有众多消费者，于是选择儿童专用营养液这个细分市场作为目标市场，并制定了一套营销组合策略。在此基础上，其还推出了童装产品。心理细分：考虑到消费者在购买、使用及消耗商品或劳务过程中的心理状态，将消费者心理状态分为两类，一类是本能性消费心理，取决于消费者的生活方式、个性特征；另一类是社会性消费心理，受社会阶层、相关群体的直接影响。

在目标市场选择上，娃哈哈采用集中性与差异化并举的策略。集中性策略：从保健食品——儿童营养液起家，在食品饮料业专注发展多年，产品涵盖儿童饮料到成人饮料，包括果奶、瓶装水、乳酸饮料、茶饮料、果汁饮料、功能饮料等。差异化策略：娃哈哈绕开竞争激烈的一级市场，主攻农村市场，利用价格优势抢占农村市场取得成功。在深入农村市场有一定基础之后，开始进军大中城市，并推出在功能、包装、价格等方面区别于竞争对手的产品。

在市场定位方面，娃哈哈主要集中于儿童用品和纯净水市场。娃哈哈致力于儿童用品的开发和推广，利用娃哈哈营养液迅速占领市场，后推出娃哈哈果奶并取得成功。在全国乳酸奶市场趋于饱和的情况下，推出纯净水，引导了全国消费者饮用纯净水的新时尚，将消费者从少年儿童成功地延伸到了成年人，而瓶装水迅速成为企业的第二个拳头产品。

二、7Ps营销

7Ps营销是服务营销中的一个扩展模型，它在传统的4P营销组合（Product，Price，Place，Promotion）的基础上增加了三个额外的要素，专门针对服务行业。7Ps营销模型包括以下七个要素：

（1）产品（Product）。服务产品是指消费者购买的服务内容，包括服务的种类、特性、设计、品牌和包装等。服务产品需要满足消费者的需求，并具有可感知的质量。

（2）价格（Price）。价格是指消费者为获得服务所支付的费用。价格策略需要考虑成本、竞争、市场定位以及消费者感知的价值。

（3）地点（Place）。地点是指服务的交付地点，包括服务的地理位置、可达性和便利性。对于服务行业来说，地点的选择和布局对消费者体验至关重要。

（4）促销（Promotion）。促销是指通过广告、公关、销售促进和直接营销等方式来沟通和传递服务信息。促销策略需要考虑如何有效地吸引和保持消费者的注意力。

（5）人员（People）。人员是指服务过程中所有与消费者接触的人员，包括服务提供者、员工、管理人员等。人员的服务态度、技能和行为对服务质量和消费者满意度有直接影响。

（6）流程（Process）。流程是指服务的交付过程，包括服务的步骤、顺序和消费者参与的方式。优化服务流程可以提高效率，减少等待时间，并提升消费者体验。

（7）物理证据（Physical Evidence）。物理证据是指服务过程中消费者可以看到、听到或触摸到的所有物理元素。包括服务场所的布局、设备、装饰、制服等，它们可以增强或削弱消费者对服务的感知。

7Ps营销模型强调了服务营销与产品营销的不同之处，特别是在人员、流程和物理证据三个要素上。这些要素对服务行业的成功至关重要，因为它们直接影响到消费者对服务质量的感知和满意度。通过综合考虑这七个要素，企业可以更全面地制定和实施服务营销策略。

拓展启示

商业行为要以人为本

在市场经济活动中，企业应将人的需求、利益和尊严放在首位，这也与社会主义核心价值观紧密相连。以人为本不仅是一种道德要求，也是企业可持续发展的关键。首先，"人"是商业活动的起点和归宿，企业应深入理解和满足消费者的需求，提供高质量的产品和服务，这是对消费者负责，也是对社会负责的表现。正如社会主义核心价值观所倡导的，企业的发展应以提高人民的生活质量为目标，促进社会的全面进步。其次，以人为本要求企业尊重和保障员工的合法权益。企业应为员工提供良好的工作环境和发展机会，激发员工的积极性和创造性。这与社会主义核心价值观中的"公正、法治"相契合，体现了企业对员工的尊重和对社会责任的承担。再次，以人为本还要求企业在追求经济效益的同时，注重社会效益和生态效益。企业应积极履行社会责任，参与社会公益事业，保护环境，促进可持续发展。这种行为体现了"和谐"的价值追求，有助于构建和谐社会，实现人与自然、人与社会的和谐共生。最后，以人为本还意味着企业应以诚信为基础，拥有良好的商业道德。企业应遵守法律法规，诚实守信，公平竞争，树立良好的企业形象。这与社会主义核心价值观中的"诚信、友善"相呼应，有助于维护市场秩序，促进经济的健康发展。

企业在追求经济效益的同时，应坚持以人为本，尊重和保障人的权利，履行社会责任，促进社会和谐。这对于推动社会主义市场经济的健康发展，构建和谐社会具有重要的指导意义。

第六章

财务预算

 案例导读

贝瑞特母公司 2022 年资产负债表

贝特瑞新材料集团股份有限公司（以下简称"贝特瑞"）成立于2000年8月，隶属于上市企业——中国宝安集团股份有限公司，2015年在新三板挂牌交易，2021年11月于北交所上市，证券代码为835185。贝特瑞是一家以技术创新为引领，以技术领先、产品及产业链布局完善、国际与国内主流客户并重为特色，以锂离子电池负极材料、正极材料及石墨烯材料为核心产品，行业地位突出的新能源材料研发与制造商。表6-1为贝瑞特母公司2022年的资产负债表。

表 6-1　贝瑞特母公司资产负债表

2022年12月31日　　　　　　　　　　　单位：万元

项目	2022年12月31日	2021年12月31日	项目	2022年12月31日	2021年12月31日
流动资产：			流动负债：		
货币资金	191 422.05	70 075.93	短期借款	219 388.12	112 506.51
交易性金融资产	37 646.81	675.59	应付票据	58 767.96	5 000.00
应收票据	1 134.45	1 084.37	应付账款	304 798.13	177 426.59
应收账款	145 336.41	184 148.28	预收款项		
应收款项融资	47 666.61	40 752.56	卖出回购金融资产款		
预付款项	12 848.60	24 393.53	应付职工薪酬	11 786.66	12 308.20

续表

项目	2022年12月31日	2021年12月31日	项目	2022年12月31日	2021年12月31日
其他应收款	287 068.89	250 768.95	应交税费	955.52	1 773.56
其中：应收利息			其他应付款	35 760.35	5 232.95
存货	131 474.13	95 077.23	其中：应付利息		
一年内到期的非流动资产			合同负债	690.27	25 116.38
其他流动资产	31 151.37	13 993.92	一年内到期的非流动负债	35 376.88	30 502.26
流动资产合计	885 749.31	681 470.37	其他流动负债	209.20	4 403.10
非流动资产：			流动负债合计	667 733.07	374 269.55
债权投资			非流动负债：		
长期应收款			长期借款	183 350.24	64 489.98
长期股权投资	509 813.24	272 936.25	租赁负债	7 630.65	11 990.98
其他权益工具投资	0.00	0.00	递延收益	18 510.49	4 778.07
其他非流动金融资产	23 674.43	15 037.35	递延所得税负债	6 408.26	
投资性房地产	36 706.37	42.00	其他非流动负债		
固定资产	76 019.03	17 267.07	非流动负债合计	215 899.65	81 259.04
在建工程	19 968.79	57 416.15	负债合计	883 632.72	455 528.59
生产性生物资产			所有者权益（或股东权益）：		
油气资产			股本	72 807.92	48 538.62
使用权资产	11 053.06	15 485.37	资本公积	340 058.91	331 047.95
无形资产	30 076.07	24 936.67	减：库存股		
开发支出			其他综合收益	−174.36	−113.06
商誉			专项储备	0.00	0.00
长期待摊费用	1 878.40	2 043.49	盈余公积	33 334.35	24 269.31
递延所得税资产	3 676.77	2 077.24	一般风险准备	0.00	0.00
其他非流动资产	1 049.90	237.71	未分配利润	270 005.84	229 678.26

续表

项目	2022年12月31日	2021年12月31日	项目	2022年12月31日	2021年12月31日
非流动资产合计	713 916.07	407 479.29	所有者权益（或股东权益）合计	716 032.67	633 421.07
资产总计	1 599 665.38	1 088 949.66	负债和所有者权益（或股东权益）总计	1 599 665.38	1 088 949.66

从表6-1贝特瑞母公司的资产负债表中，能够发现该上市公司财务状况的特点吗？作为财务信息的使用者，如何从资产负债表等财务报表中读懂更多信息？作为一名初创期的中小企业的经营管理者，你如何通过财务报表向潜在投资人展示自己的优势与发展潜力呢？

第一节 财务会计与财务管理概述

一、会计与财务会计

会计是一种系统性地记录、分类、汇总和分析财务交易的方法。它涉及对一个组织或个人的财务活动进行跟踪、报告和管理。会计的主要目的是提供财务信息,帮助各方利益相关者(如管理层、投资者、债权人等)做出决策。

会计的基本功能包括:详细记录所有财务交易,确保数据的准确性;将交易分门别类(如资产、负债、收入和费用等),定期汇总分类的交易,形成财务报表;对财务报表进行分析,评估组织的财务状况和经营成果。

会计准则和原则有助于确保财务报告的一致性、可比性和透明度。在不同国家和地区,会计准则可能有所不同,如美国的通用会计准则(Generally Accepted Accounting Principles,GAAP)和国际财务报告准则(International Financial Reporting Standards,IFRS)。注册会计师(Certified Public Accountant,CPA)是一种专业资格认证,经过专业考试和认证的会计专业人员,具备在公共领域提供会计、审计、税务和咨询服务的资格。特许公认会计师公会(The Association of Chartered Certified Accountants,ACCA)是一个全球性的专业会计组织,成立于1904年,总部位于英国伦敦,是全球最大的国际专业会计师组织之一,拥有来自180多个国家和地区的会员和学员。

会计工作通常由会计专业人员执行,他们可能在企业内部工作,也可能在会计师事务所或咨询公司工作。会计专业人员需要具备良好的数学技能、分析能力和对细节关注的能力。此外,他们需要了解相关的法律法规和会计准则。与其他管理活动和信息系统相比,会计具有专门的方法,即确认、计量、记录和报告。

(1)确认,是将满足会计要素定义、可以用货币计量的交易与事项纳入会计系统,并列入会计报表的过程。该过程用以解决"哪些项目可以列入会计报表"。例如,企业雇用了一个非常重要的研发人员这个事项,就不需要纳入会计系统。

(2)计量,主要用于解决"列入会计报表项目的金额是多少",是以货币为主要计量单位,度量已确认的交易和事项,并在会计系统中进行持续反映的过程。

(3)记录,是指经过确认和计量的经济业务在会计系统中得以反映的过程。包括在经济业务发生时取得或者填制的原始凭证、以原始凭证为依据编制的记账凭证、以记账凭证为依据登记账簿的过程。

(4)报告,最终呈现给会计信息使用者的,是以账簿记录为依据,采用表格和文字方式编制的财务报告，财务报告是会计信息的载体。

会计是以货币为主要计量工具，运用专门的方法，对会计主体的经济活动进行连续、系统、全面地反映和监督，为企业内外部会计信息的使用者提供决策需要的经济信息，并对会计主体的经济活动和财务收支进行监督的一种经济管理活动。

财务会计是在传统会计的基础上发展起来的一个重要的会计分支，侧重于以财务报告为载体向企业外部使用者提供信息。它基本上是一个会计信息系统，立足于企业，面向市场，着重按企业信息使用者（如股东、供应商、银行、政府代理、企业主及其他股权所有人）的需要，将企业视为一个整体，以财务会计准则为指导，运用确认、计量、记录和报告等程序，提供关于整个企业及其分部的财务状况、经营成果、现金流量等，从而有助于使用者作出决策。

二、财务目标

在企业所追求的多元目标中，盈利目标即为财务目标。在某些阶段，财务目标有时需要让位于一些非财务目标。然而企业之所以追求非财务目标，无非是希望企业能在未来实现更多的利润，所以，从企业发展的动态视角来看，财务目标在企业多元目标体系中居于主导地位。企业财务目标有利润最大化、股东价值最大化、利益相关者价值最大化三种设定方式。

（一）利润最大化

企业的财务目标设定为利润最大化，这种财务目标的设定具有一定的合理性，因为利润是衡量企业资源配置效率的综合指标。但是，随着现代企业的不断发展，这种设定方式无法满足债权人、管理者、消费者、员工、政府及社会公众等其他利益相关者的需求。首先，利润最大化目标的含义模糊，没有明确短期利润最大还是长期利润最大、利润总额最大还是每股利润最大；其次，利润最大化目标设定没有考虑资金的时间价值，预计3年后和预计10年后实现一样大的利润，对于企业的意义完全不同；最后，利润最大化目标设定没有考虑风险因素，收益越高，风险也就越大，企业需要在利润与风险之间找到平衡。

（二）股东价值最大化

将企业的财务目标设定为股东价值最大化，是指公司应该以创造最大化的股东财富价值作为财务管理和决策的终极目标。这不但是现代财务理论的主流观点，也是企业财务管理实践中比较普遍的做法。与利润最大化目标相比，以股东价值最大化为目标，企业在财务决策的过程中，会考虑资金的时间价值与风险报酬，在实践中，通常以有效市场中的股票价格作为公司未来预期收益，因此公司股价最大化可以作为股东价值最大化的替代指标。但这种财务目标的设定依然受到了质疑。首先，衡量股东价值要以有效市场中的股票价值为标准，但在实践中有效市场往往较难成立；其次，除股东外，企业还有债权人、管理者、员工、市场等其他利益相关者，一味强调股东价值最大会加剧股东与其他利益相关者之间的矛盾。

（三）利益相关者价值最大化

利益相关者价值最大化弥补了股东价值最大化的缺陷，提出在创造股东价值的同时，要为其他利益相关者创造最大化的价值。从静态角度来看，同时实现股东价值与其他利益相关者价值最大化是不可能的，但从企业动态发展的角度来说，两者其实可以兼顾，在实现其他利益相关者价值最大化时，可以使企业创造长期的股东价值并实现可持续发展。利益相关者价值最大化相较于股东价值最大化是一种更加先进的理念，但实践中难以找到合适的指标来衡量利益相关者价值，因此实操性较弱。此外，有一种观点认为，实现股东价值最大化就保证了利益相关者价值最大，这是因为股东是企业的所有者，有剩余求偿权，股东之外的利益相关者承担的风险较小，且其享有的利益往往是固定的，并以契约的形式加以规定，通常不参与企业剩余收益的分配。当企业破产清算时，首先保证的是利益相关者的利益，最后才是股东利益，因此实现股东价值最大化，就保证了利益相关者价值最大化。在指导财务管理和决策的过程中，股东价值最大化更具恰当性也更有可操作性。

三、财务管理

一般而言，企业的资金活动主要表现为资金筹措（简称"融资"或"筹资"）、资金使用（简称"投资"）、营运资金管理、利润及分配几个方面。

（一）融资

融资按照来源不同可以分为内源融资和外源融资。内源融资来源于企业内部，主要是指企业通过内部积累的方式筹集资金；外源融资指企业通过银行借贷、发行股票和债券等方式筹集资金。其中，中小企业的发展主要依赖于内源融资，内源融资具有一定的自主性，具有不受外界制约和影响、融资成本较小、不会稀释原有股东每股收益和控制权、使股东获得税收优惠的优点，但内源融资受公司盈利能力及积累的影响，不能进行大规模融资，因此这种金融安排只适用于初创时期的中小企业。当中小企业的发展进入追求技术进步与资本密集的阶段后，则需要新的融资计划。按照期限长短不同，融资还可以分为长期融资和短期融资。长期融资包括一切权益融资以及一些偿还期在1年以上的债务融资，长期融资成本较高，但风险较低；短期融资指偿还期在1年以内的融资，短期融资的成本较低，但到期还本付息的风险较大。融资管理需要统筹好融资金额、结构和成本等多个层面的问题。

（二）投资

投资是企业资金使用的过程，表现为各种资产的配置。企业投资按其期限长短不同可分为长期投资和短期投资。长期投资称资本性投资，是指企业将资金配置在变现时间超过1年的资产上的投资，如购买固定资产、无形资产和开展长期股权投资；短期投资也称流动资产投资，是指资金配置在变现时间不超过1年的资产上的投资，如应收账款、存货和短期证券投资。按照领域和资产形态不同，投资可以分为对内投资和对外投资。对内投资指将资金配置在企业生产经营所用资产的投资，如购买机器设备、厂房和专利等；对外投资指资金配置在其他企业发行股票、债券等金融资产上的投资。在投资决策时，需要考虑的问题主要包括投资对象、投资时点、投资报酬和投资风险，力求选择收益大、风险小的投资方案。

（三）营运资金管理

营运资金管理是指企业对全部流动资产的投资，净营运资金（或净营运资本）为流动资产减去流动负债后的金额。因此营运资金管理既包括对流动资产的管理，也包括对流动负债的管理。营运资金在企业资金中的比重大，其特点是周转快，容易变现，因此是企业短期资金管理的重点。企业现金流量的短期管理与净营运资金有关，净营运资金要致力于管理短期现金流量的缺口。

（四）利润及分配管理

利润及分配管理具体包括企业销售收入管理、利润管理和利润分配管理。企业利润的分配影响到企业的长远利益和股东的收益。一方面，企业应通过降低成本、减少风险，扩大企业内部的积累，保留更多的盈余进行各种新的投资；另一方面，企业也要考虑股东的近期利益，发放一定的股利，以调动股东的积极性。

财务管理中的融资决策、投资决策和利润分配决策三个内容互为因果，相互联系。其中，融资决策是投资决策和利润分配决策的基础。有了较好的融资决策，就会有较多的投资机会和较低的投资成本，以及较多的收益以供分配；有了较好的投资决策，就会实现较多的利润，提供较多的资金；有了较好的利润分配决策，就能调动投资各方的积极性，创造更多的融资途径和投资机会。所以，在进行财务管理时，必须统筹安排。

第二节 财务报告概述

一、财务报告的概念

企业会计信息的载体是财务报告，财务报告的目标是向使用者提供与企业财务状况、经营成果和现金流量等相关的会计信息，反映企业管理层受托责任的履行情况，有助于财务报告使用者做出经济决策。

财务报告的核心内容是财务报表，也叫财务会计报表，是指依据会计准则编制的，反映企业在某一特定日期财务状况和某一特定时期经营成果、现金流量状况的书面文件，包括资产负债表、利润表、现金流量表、所有者权益变动表等。在财务报表体系中，最重要的是资产负债表、利润表和现金流量表，俗称"三张表"。

此外，按照会计处理的惯例，当一个企业有对外控制性投资（也就是有子公司）时，投资方（也就是母公司）需要编制母公司报表与合并报表，合并报表应包含母公司和子公司相关信息。一般的中小企业没有对外控制性投资，因此仅有公司报表而无合并报表。

二、资产负债表、利润表与现金流量表

（一）资产负债表

资产负债表是反映企业在某一特定时点（会计期末）拥有的经济资源（资产）和承担的经济责任（负债和所有者权益）的报表。资产负债表基于会计基本等式编制：

$$资产 = 负债 + 所有者权益$$

资产指企业拥有的以各种形式存在的经济资源，分为流动资产与非流动资产。流动资产可以理解为1年内或一个经营周期内可以转化为货币或者被消耗掉的资产，如与企业经营活动密切相关的货币资金、应收票据、应收账款、存货、预付款项等项目，也包括一些与企业投资相关的短期投资项目，如交易性金融资产、短期理财性投资等。非流动资产则可以理解为1年以上或者一个经营周期以上才能转化为货币或者被企业长期使用的资产，如与企业经营活动密切相关的固定资产、无形资产等项目，也包括一些与企业投资相关的项目，如可供出售金融资产、长期股权投资等。

负债也可分为流动负债与非流动负债。流动负债可以理解为1年内或一个经营周期内需要偿还的负债，如与企业经营活动密切相关的应付票据、应付账款、预收账款、应付职工薪酬、应交税费等项目，也有一些与企业融资有关的项目，如交易性金融负债、短期借款等。非流动负债可以理解为1年以上或一个经营周期以上才需要偿还的负债，如与企业经营活动密切相关的长期应付职工薪酬等项目，也有一些与企业融资有关的项目，如应付债券、长期借款等。

所有者权益，又称股东权益，可以区分为两个方面的内容：一是由股东入资形成的权益，主要体现在股本或者实收资本和资本公积金中，代表股东对企业的资源贡献；二是由企业利润累积所形成的权益，主要体现在盈余公积金和未分配利润

中，代表企业到目前为止的累计利润对企业资源增长的贡献。

负债和所有者权益展示了企业资源的来源。负债代表企业从各类债权人处（如从银行借到的长期借款与短期借款、从供应商处获得的应付票据与应付账款等）获得的资源规模；股东权益则代表企业从股东获得的资源规模。总之，资产代表企业拥有的资源和结构，负债和所有者权益代表企业资产的来源。负债与资产之间存在对应关系，一般将负债与资产做对比，形成资产负债率，用于判断企业对债务的依赖程度并分析企业面临的偿债风险。

此外，流动资产减去流动负债的余额被称为净流动资产或者营运资金，流动资产除以流动负债所形成的比率一般称为流动比率。

（二）利润表

利润表，也称收益表或损益表，是汇总企业在一定时期内的经营成果的报表，利润表的基本等式为：

$$收入 - 费用 = 利润$$

收入是指企业在日常活动中形成的、会导致所有者权益增加的、与所有者投入资本无关的经济利益总流入。费用是指企业在日常活动中发生的、会导致所有者权益减少的、与所有者分配利润无关的经济利益总流出。利润主要是收入减去费用后的净额，但还包括直接计入当期损益的利得和损失，是指应当计入当期损益、会导致所有者权益发生增减变动的、与所有者投入资本或者向所有者分配利润无关的利得或损失。从利润表中可以计算出几个常用的利润概念，分别是毛利、营业利润、利润总额和净利润。表6-2是以贝瑞特母公司2022年利润表为例的常见利润表样式。

表6-2 贝瑞特母公司2022年利润表

单位：元

项目	2022年	2021年
一、营业收入	12 298 373 588.71	6 392 384 326.38
减：营业成本	11 422 370 276.24	5 419 608 781.13
税金及附加	28 989 470.68	17 687 563.56
销售费用	68 413 030.18	50 682 658.22
管理费用	293 869 936.36	243 802 878.91
研发费用	391 858 615.62	203 777 038.14
财务费用	101 233 637.10	22 141 232.74
其中：利息费用	112 148 533.50	33 433 177.20
利息收入	33 892 726.26	35 041 808.78

续表

项目	2022年	2021年
加：其他收益	59 491 806.71	34 503 729.21
投资收益 　　（损失以"-"号填列）	871 485 191.38	94 260 424.02
汇兑收益 　　（损失以"-"号填列）		
净敞口套期收益 　　（损失以"-"号填列）		
公允价值变动收益 　　（损失以"-"号填列）	51 032 635.19	-3 214 592.18
信用减值损失 　　（损失以"-"号填列）	54 914 256.60	-28 922 697.06
资产减值损失 　　（损失以"-"号填列）	-6 157 571.97	-3 020 407.44
资产处置收益 　　（损失以"-"号填列）	840 472.36	-36 826.14
二、营业利润 　　（亏损以"-"号填列）	1 023 245 412.80	528 253 804.09
加：营业外收入	166 476.51	145 115.88
减：营业外支出	3 495 778.23	4 506 831.86
三、利润总额 　　（亏损总额以"-"号填列）	1 019 916 111.08	523 892 088.11
减：所得税费用	113 411 618.86	52 386 272.93
四、净利润 　　（净亏损以"-"号填列）	906 504 492.22	471 505 815.18

（1）毛利。毛利反映企业的初始盈利能力，与所处行业的特点和企业在行业中的竞争优势有关。毛利的计算公式为：

$$毛利 = 营业收入 - 营业成本$$

（2）营业利润。营业利润已经在一定程度上超出了企业日常经营活动的范畴，是指除去营业外收入和营业外支出的所有与利润相关的项目，这就包括了短期投资活动、非流动资产处置活动、政府补贴等带来的收入，如果企业这类与经营活动无关的活动比较活跃，即便核心经营业务没什么表现，也能取得不错的营业利润。营业利润的计算公式为：

营业利润＝营业收入－营业成本－税金及附加－销售费用－管理费用－研发费用－利息费用－资产减值损失－信用减值损失＋其他收益＋投资收益＋公允价值变动收益＋资产处置收益

（3）利润总额。利润总额是指企业在一定时期内各种活动所产生的利润综合，在营业利润上还应考虑利得与损失。利润总额的计算公式为：

利润总额＝营业利润＋营业外收入－营业外支出

（4）净利润。净利润是企业在一定时期内所获得的可以用于股东分配的利润净额，是指利润总额扣除了所得税之后的数额。所得税并不是在利润总额上直接乘以所得税税率，按照税法规定，利润总额需要经过调增调减之后形成所得税应纳税额，然后再计算所得税。净利润的计算公式为：

净利润＝利润总额－所得税费用

（三）现金流量表

现金流量表反映的是一定时期内现金流入和流出的报表。在现行的报表系统中，资产负债表和利润表是以权责发生制为基础，反映了企业的财务状况和经营成果，而现金流量表是以收付实现制为基础。权责发生制是指以本会计期间发生的费用和收入是否应计入本期损益为标准，处理有关经济业务的一种制度。权责发生制的理论基础是谁收益谁负担。收付实现制是以收到或支付现金作为确认收入和费用的标准。权责发生制与收付实现制是两种相对应的会计基础，企业生产经营是连续的，但是基于要向债权人等利益相关者报告财务信息等其他原因，必须人为划分会计期间，就会导致收入和费用出现收支期间和应归属期间不一致的情况。

相关案例

同一笔交易在不同报表中的记账时间

某企业7月10日销售一批商品，8月10日以银行存款方式收到货款。在收入和费用的确认中，权责发生制原则下，资产负债表和利润表中的收入应归属在7月；而收付实现制原则下，现金流量表中的收入应归属在8月。

企业的现金流量可分为三类，即经营活动产生的现金流量、投资活动产生的现金流量和筹资活动产生的现金流量。现金流量表也分为三个部分，依次反映这三个方面的现金流入量、流出量与净流量。现金净流量的计算公式为：

现金净流量＝现金流入量－现金流出量＝经营活动产生的现金净流量＋投资活动产生的现金净流量＋筹资活动产生的现金净流量

三、"三张表"的内在联系

（1）资产负债表与利润表。资产负债表最后两个项目是盈余公积金与未分配利润，这是企业未分配净利润的结果，因此，利润表是资产负债表中所有者权益中盈余公积金和未分配利润的基础。

（2）资产负债表与现金流量表。资产负债表中的第一项是货币资金，它与现金流量表中的"货币资金"的范围略有差异，一般来说，现金流量表展示的是资产负债表中货币资金的变化情况。

（3）资产负债表、利润表与现金流量表的作用。资产负债表展示企业的资源结构及权益归属，彰显企业的实力；利润表展示企业一定时期的效益情况，展示企业的能力；现金流量表表明企业的资金是如何而来又是怎么使用的，展示企业的活力。资产负债表为企业从事经营等活动提供了资源，是企业的家底；利润表展示了经营成果，展现了实力，是企业的外在形象；现金流量表主要表现的是企业经营情况，也就是在日常经营管理过程中货币资金的来龙去脉，是企业的实际情况。因此，看企业有没有效益、有没有利润，要看利润表；看企业账面上的资源是否雄厚，要看资产负债表；看企业是否赚到钱以及钱的来路和去处，要看现金流量表。

四、预测财务报表

财务报表是以实际发生的经济业务或事项为依据并经会计处理的数据。此外，成功的企业需要确定未来的财务规划，做好长期财务计划和短期财务计划，预测未来的经营绩效和财务状况，编制预测财务报表。企业需要根据未来3~5年的预测情况来编制年度财务报表；对于短期的年度预算，企业不仅要按照年度编制预测财务报表，还可以根据日常管理的需要，编制季度、月度预测财务报表。

预测财务报表包括预测现金流量表、预测利润表、预测资产负债表，将这些预测的财务报表整合在一起，可以综合反映企业未来的经营成果和财务状况，体现不同经营方案的选择对企业的盈利能力、周转效率和偿债能力的可能影响，帮助使用者做出合理的决策和判断。

（一）预测财务报表的影响因素与编制方法

要编制好预测财务报表，企业需要明确影响经营业绩和财务状况的关键因素。这些因素按照来源不同可以分为外部因素和内部因素。外部因素通常与经济发展和政府的相关政策有关，包括税率、贷款利率、通货膨胀率等，一般都可以由公开渠道直接获得。内部因素通常与企业特定的商业经营决策有关，包括但不限于资本预算支出承诺、融资协议、生产库存安排、客户的信用政策设计、会计政策选择、股利政策等。

从方法和原则上来说，预测财务报表与传统财务报表相同，不同之处在于预测财务报表依赖的是预测信息而非实际信息。通常财务报表预测的起点是营业收入，这是因为营业收入直观体现了企业的业务增长情况。另外，收入增长会影响财务报表其他项目，比如营业成本、期间费用、存货、应收账款、应付账款等，如果营业收入预测偏差较大，那么该项误差会被预测财务报表中的其他项目进一步放大，所以需要结合经济状况、行业状况、主要竞争者行为、企业特定的商业经营决策等关键因素综合地预测营业收入。

（二）财务报表的短期预测

对于短期预测来说，相关信息的准备工作会比较简单。较常使用的方法是营业收入百分比法。它基于一个假设：利润表和资产负债表中大多数项目与营业收入保持某个固定的比例，这个比例通常根据营业收入和利润表、资产负债表的主要项目的历史数据确定，可以将这些项目表示为预测营业收入的百分比，在此基础上编制预测利润表和预测资产负债表。

以营业收入预测为起点，先编制预测利润表。用营业收入来确定利润表中的主要项目，通常包括营业成本、期间费用、税前利润（营业收入与支出之间的差额）、企业所得税费用（通常用税前利润乘以企业所得税税率）。

在编制预测资产负债表时，要确定与营业利润保持一定比例关系的主要项目的预测数。通常包括：（1）流动资产中的现金、存货和应收账款，这类项目通常可以假设其余额与营业收入保持固定的比例。（2）非流动资产规模通常假设保持不变，但如果企业认为非流动资产已经满负荷运转需要扩大生产规模，可以使用营业收入的固定比例来估计未来需要更新或扩建的非流动资产。（3）流动负债中的应付账款，可以假设与营业收入保持固定的比例。（4）非流动负债和权益通常基于预测期开始的数字而不基于营业收入的固定比例来预测，预测期的未分配利润可以假设为净利润的百分比。

当营业收入随着时间的推移而增加，因为负债和所有者权益的部分项目并不以营业收入的固定比例来预测，而是基于预测期开始的数字，因此负债和所有者权益的增加额无法满足企业获得营业收入所需要额外增加的资产，这就意味着企业存在资金缺口。这种预测财务报表的编制方法还可以帮助企业确定资金缺口的水平和需要的时间，进而为确定未来额外融资决策提供依据。

（三）财务报表的长期预测

为了支持企业长远经营发展，企业也需要根据经营预测编制长期财务计划，长期财务计划的预测和编制结果也可以以预测报表的形式呈现，编制方法和流程也和短期预测非常相似，但长期财务计划更关心的是企业的长期发展。

在使用长期财务计划的信息时，预测财务报表的使用者主要关心以下问题：（1）报表编制者如何做出预测？（2）预测过程中有哪些基本假设，这些基本假设与现实情况和尝试的匹配程度如何？（3）预测是否包括所有相关项目？

报表的使用者通过上述问题得到合理答案后，才能够根据预测财务报表进行相应的经营决策，管理者可以通过如下问题形成判断。（1）企业的现金流量是否令人满意？是否可以通过改变政策或计划来改善？（2）是否需要额外融资？融资规模是多少？融资渠道是否可行？融资成本是否可控？（3）企业是否存在再投资的机会？（4）与预计的风险相比，预计的收益水平是否令人满意？如果没有，应当如何改善？（5）企业的各项费用支出是否合理？（6）期末的财务状况是否合理？

第三节　初创企业财务会计

处于初创期的企业一般规模较小，属于中小规模企业，这类企业往往还没有建立起稳定的业务、获得可观的收入和建立完善的制度，其经济活动常常表现在会计核算、财务报表、竞争力与风险分析上的独特性。

一、中小企业划型标准

我国的中小企业界定主要由工业和信息化部、国家统计局、国家发展和改革委员会、财政部等多部门联合制定。界定中小企业的标准主要关注三个维度，一是营业收入，二是雇员的人数，三是企业资产的规模。不同行业划分中小企业时，这三个维度的标准或者各不相同，或者选择其中一个或两个维度来界定。

2011年6月发布的《中小企业划型标准规定》，为16个行业制定了中小企业的划型标准，将中小企业划分为中型、小型和微型三种类型，以下主要列举常见的3个行业的划型标准。

（1）农、林、牧、渔业。营业收入20 000万元以下的为中小微型企业。其中，营业收入500万元及以上的为中型企业，营业收入50万元及以上的为小型企业，营业收入50万元以下的为微型企业。可能是与行业特征有关，在制定农、林、牧、渔业企业划型标准时，未涉及企业资产规模，也未涉及雇员的人数，只按照营业收入的规模来划分。

（2）工业。从业人员1 000人以下或营业收入40 000万元以下的为中小微型企业。其中，从业人员300人及以上，且营业收入2 000万元及以上的为中型企业；从业人员20人及以上，且营业收入300万元及以上的为小型企业；从业人员20人以下或营业收入300万元以下的为微型企业。工业企业的划型主要涉及两个维度，即从业人员和营业收入，但是没有强调资产规模。

（3）租赁和商务服务业。从业人员300人以下或资产总额120 000万元以下的为中小微型企业。其中，从业人员100人及以上，且资产总额8 000万元及以上的为中型企业；从业人员10人及以上，且资产总额100万元及以上的为小型企业；从业人员10人以下或资产总额100万元以下的为微型企业。对于租赁和商务服务业的划分强调营业收入、雇员人数和资产规模。

二、初创期中小企业财务报表的内容及特征

（一）初创期中小企业资产负债表的内容及特征

初创期中小企业资产负债表中的资产主要是由用于经营活动的流动资产和非流动资产组成，其中流动资产包括货币资金、交易性金融资产、应收票据、应收账款、预付款项、存货等；非流动资产中有非常齐备的经营资产，比如固定资产和无形资产等。因为初创期中小企业投资活动较少，可能存在少量的投资资产，但基本上没有控制性投资资产。

（1）货币资金。资产负债表中流动资产的第一项是货币资金，企业必须储备一定规模的货币资金，没有货币资金就会周转不灵，但货币资金规模过大又会增加企业的资金成本从而影响整体盈利能力，因此需要保持恰当的货币资金规模。

（2）交易性金融资产。交易性金融资产是指企业在资本市场上购买的股票和债券，是小规模的、非战略性的投资。

（3）应收票据、应收账款与预付款项。应收票据与应收账款是由企业赊销引起的债权，统称为商业债权。预付款项是由于企业采购货物等向供应商打预付款所形成的债权。应收票据与应收账款最后换回来的是货币资金，而预付款项最后换回来的是存货。

（4）存货也是非常典型的经营性资产，存货涵盖的内容比较多，原材料、燃料、半成品、产成品、库存商品等都属于存货。

（5）其他应收款和其他流动资金。对于初创期中小企业而言，其他应收款和其他流动资金的规模应该都很小或者没有金额。其他应收款是指与经营活动无关的活动而发生的债权，在性质上可以看作是不良资产，如果这个项目规模较大，可能是企业的资产被侵占了。

（6）投资资产。可供出售金融资产和长期股权投资，都属于投资资产。由于初创期中小企业会聚焦于经营活动，开展产品生产销售或提供劳务，因此这两个项目的金额应该不大或者基本没有。

（7）固定资产。企业超过1年使用的各项资产都体现在固定资产中，可能包括房屋、建筑物、运输车辆、机器、设备等。初创期中小企业的固定资产规模主要取决于该企业属于轻资产企业还是重资产企业，也就是固定资产在总资产中所占的比重，主要受企业所处的行业、投资策略影响。

（8）无形资产。无形资产是那些没有一定实物形态但企业可以长期受益的资产项目，如专利权、专有技术、土地使用权、商标权、版权等。在互联网时代，无形资产的种类越来越丰富，所占的比重也会越来越大，比如一些互联网企业，无形资产占总资产的比重以及无形资产的减值等已经成为企业的核心竞争力，衡量一个企业是重资产企业还是轻资产企业，不仅要考虑固定资产同时也要考虑无形资产的规模。

（9）短期借款。流动负债的第一项首先是短期借款，该项目反映企业所获得的偿还期短于1年的各类贷款。在日常经营中，短期借款主要用于满足企业经营周转的需要。

（10）应付票据、应付账款与预收款项。应付票据与应付账款是由企业采购存货引起的，预收款项是基于行业惯例或企业竞争优势在收取买方支付的货款后才提供商品或劳务产生的。与应收票据、应收账款与预付款项类似，这三项也来自企业的供应链，是初创期中小企业流动负债项目中与经营活动有关的核心项目。

（11）应付职工薪酬。应付职工薪酬是指企业在特定会计期末对本单位职工应支付或者发放的薪酬。

（12）应交税费。应交税费是指应该支付的增值税、所得税、教育费附加等各种税费。

（13）其他应付款与其他流动负债。初创期中小企业其他应付款与其他流动负债的规模一般不大或基本没有，无需特别关注。

（14）长期借款。非流动负债中的长期借款与初创期中小企业关系较密切，长期借款是指企业所获得的偿还期超过1年的各类贷款。一般来说初创期中小企业能够获得长期借款的难度较大，如果企业有购买、改扩建固定资产或获取无形资产等情形，需要获得长期借款来解决。除此之外，长期应付款、应付债券等非流动负债与初创期中小企业关系不大，往往不会出现在报表中。

（15）所有者权益。股东（所有者）入资形成的权益包括实收资本或股本和资本公积金，资本公积金是股东入资中不要求分红的部分，很多初创期中小企业由于股东入资时不涉及这种情况，财务报表上的资本公积为0。利润累积包括盈余公积和未分配利润，盈余公积金是企业为了获得长期发展在获得利润后提取的公积金，包括法定盈余公积金与任意盈余公积金。其中法定盈余公积金需要根据国家法律要求按照一定比例提取，任意盈余公积金与企业的意愿有关。未分配利润是企业在利润分配后留存下来的累计利润，可用于以后年度利润分配或弥补未来亏损。

（二）初创期中小企业利润表的内容及特征

初创期中小企业的利润主要来自经营活动，有闲置资金的情况下，可能会购买理财产品，投资活动较少，因此利润表中投资收益规模往往不大，一般利润也不依靠以政府补贴为主的其他收益。

（1）营业收入，是指企业在销售商品、提供劳务及其他使用本企业资产等日常活动中形成的经济利益的总流入。由于结算方式不同，确认营业收入时，可能是现销，这会直接引起货币资金的增加；也有可能是赊销，这会引起应收票据或应收账款即商业债权的增加，或者在采用预收款项销售模式下，引起预收款项的减少。

（2）营业成本，是指与营业收入相关的已经确定了归属期和归属对象的成本。营业成本在不同类型的企业中有不同的表现形式。对于工业制造业，因为产品跨期生产，营业成本确认为已经销售产品的生产成本；对于商业企业，营业成本表现为已销售产品的购进成本；对于服务业，营业成本表现为提供劳务产生的成本。

（3）税金及附加，是指企业经营活动应承担的相关税费，包括消费税、城市建设维护税、教育费附加等。

（4）期间费用，包括销售费用、管理费用、研发费用、财务费用。销售费用指企业在销售商品和材料、提供劳务的过程中发生的费用支出。管理费用是指企业行政管理部门为组织和管理企业生产经营活动而发生的各项费用支出。研发费用是指企业与研究和开发相关且直接作为费用计入利润表的相关资源消耗。对于中小企业而言，研发投入是其护城河，决定了公司未来能够获得的超额利润和核心竞争力，中小企业可以根据自身情况来决定研发投入。费用化的研发投入构成了研发费用，研发费用在利润表中一般表现为减少企业利润，但是在所得税优惠政策中又可以构成应纳税额的抵减项。研发投入能够证明符合无形资产条件的支出资本化，构成资产负债表中的无形资产。财务费用是指企业为了筹集生产经营所需资金等而发生的筹资费用。上市公司需要将企业资金筹集和运行中发生的各项利息支出单独列示；初创期中小企业因筹资困难，利息费用规模较小，在报表中可以不单独列示。

（三）初创期中小企业现金流量表的内容及特征

利润表中各个项目的确定要遵循权责发生制原则。在权责发生制原则下，收入的增加并不等于货币资金增加，费用增加也并不等于货币资金减少，在利润表中体现出净利润也不意味着企业的货币资金一定会净增加。

对于初创期中小企业而言，维持稳定的现金流非常重要，因此要看企业是不是赚钱以及钱的来路与去处，需要关注现金流量表。企业的现金流量可以分为三类，分别是经营活动产生的现金流量、投资活动产生的现金流量、筹资活动产生的现金流量。初创期中小企业经营活动产生的现金流量最活跃，是三类现金流量的核心。

经营活动流入的现金主要包括三类：一是销售商品、提供劳务收到的现金，反映企业因销售商品、提供劳务实际收到的现金，包括本期销售商品、提供劳务收到的现金，前期赊销商品和提供劳务本期收到的现金和本期预收的账款，但本期退回本期销售的商品和前期销售本期退回的商品支付的现金，要从本项目中减去。二是收到的税费返还，是指企业收到的税务部门返还的各种税费。三是收到其他与经营活动有关的现金，是指企业除了上述各项目外，收到的其他与经营活动有关的现金流入，如经营租赁收到的租金、罚款收入、流动资产损失中由个人赔偿的现金收入等。

经营活动流出的现金主要分为四类：一是购买商品、接受劳务支付的现金，是指企业购买材料和商品、接受劳务实际支付的现金，包括本期购入材料和商品、接受劳务支付的现金，以及本期支付前期购买材料和商品、接受劳务的未付款项和本期预付的款项。二是支付给职工以及为职工支付的现金，是指企业实际支付给职工的工资、奖金、各类津贴和补贴，以及为职工支付的"五险一金"和其他福利费用。三是支付的各种税费，是指企业按规定支付的各种税费。四是支付其他与经营活动有关的现金，是指企业除了上述各项目外，支付的其他与经营活动有关的现金流出，如企业经营租赁支付的租金、罚款支出、差旅费、业务招待费、保险费等。

初创期中小企业的投资活动与筹资活动并不活跃。其中投资活动产生的现金流量可能包括一部分固定资产或无形资产购置而产生的现金流出，一般较少或几乎没有因为对外投资而产生的现金流入或流出。此外，初创期中小企业筹资困难的问题也会在现金流量表中体现出来，这类企业因筹资活动而产生的现金流量可能较少。

第四节 财务分析

要分析企业的财务状况、经营成果和现金流量情况，并更生动地呈现给报表的使用者，通常使用的方法是以财务报表提供的数据为主，采用趋势分析法、结构分析法、比率分析法及杜邦分析法来分析财务数据。

一、趋势分析法

趋势分析法，是指以特定财务报表主要项目在不同会计期间的变动为基础，考察企业主要项目发展变化动态与方向的分析方法，包括绝对数额分析法、环比分析法与定基分析法。

绝对数额分析法是将有关项目连续几期的绝对数额进行比较的方法。这种分析方法可以看出相关项目的变动方向和变动趋势。比如体现一段时间企业经营成果指标的变动趋势，可以选择营业收入、净利润、毛利等重要项目来展示。

环比分析法就是计算有关项目相邻两期的变化率，即某项目在分析期的数值相对于基期数值的变动百分比。这种分析方法可以看出相关项目的变动方向和变动幅度。

定基分析法就是选择一个固定的期间作为基期，计算相关项目在各分析期的数值相对于基期数据的变动百分比。这种分析方法可以看出相关项目对基期水平的变动方向和变动幅度。

需要注意的是，趋势对分析期的长短有一定的要求，一般认为分析期最少为3年才能看出趋势，更长的分析期可以很好地展示一个企业的财务状况、经营成果和现金流量等特征，但是对于初创期中小企业来说，展示5年的相关数据是比较合适的，如果没有很长的企业年龄，在向财务信息的使用者展示企业稳定性和发展预期时，可以选择历史数据配合预测财务数据，也能达成较好的效果。

二、结构分析法

结构分析法，是指以特定财务报表主要项目的结构与整体的比重关系、不同项目结构之间的相互关系及具体项目结构的变化为基础进行的分析方法。

在分析资产负债表时，可以将流动资产和非流动资产分别与资产总额进行对比，以考察企业资产的流动性；也可以将更加具体的资产项目如存货、固定资产、无形资产与资产总额进行对比，以考察企业的行业特征对资产结构的影响；还可以将企业负债总额与资产总额进行比较，以考察企业债务对企业资源的贡献程度及企业的债务清偿能力等。

在分析利润表时，通常是以营业收入总额为共同基数，计算表中各项目相对于营业收入的百分比，目的在于展示企业有关销售利润率和各项费用率的情况。还可将结构百分比报表汇集在一起，以判断企业盈利状况的发展趋势。

三、比率分析法

比率分析法是将财务报表中的相关项目进行对比，计算具有特定经济意义的相对数指标，据以评价企业的财务状况和经营成果的分析方法。

（一）与资产负债表相关的财务比率

资产负债表内部有三个重要的财务比率体现企业的偿债能力。

1. 流动比率

$$流动比率 = 流动资产 \div 流动负债$$

流动比率是流动资产对流动负债的偿还保证，一般用于衡量企业的短期偿债能力。一般认为，流动资产与流动负债的比率维持在2∶1左右时，说明企业的流动资产对流动负债的保障程度比较充分。在使用流动比率时，要充分考虑流动资产的结构和质量以及流动负债的结构和规模。对于初创期中小企业来说，如果企业应付账款、应付票据与预收款项等经营性负债在流动负债中占比较高，且这种结构能够长期维持，说明企业在供应链中具有较高的竞争优势。在这种情况下如果流动比率较低，并不意味着企业对流动负债的偿还能力差。此外，在流动资产中如果包含较大比例的存货，由于存货的变现速度较慢，也会影响到企业实际的短期偿债能力，这时我们就需要使用另外一个指标来辅助衡量短期偿债能力。

2. 速动比率

$$速动比率 = 速动资产 \div 流动负债 = (流动资产 - 存货) \div 流动负债$$

流动资产扣除存货后被称为速动资产，一般认为速动比率维持在1∶1左右较好，其意义在于，扣除周转速度较慢的存货后，这个程度的速动资产能够充分保障流动负债的偿还。但与流动比率类似，在使用速动比率时也同样要注意企业速动资产与流动负债的结构。

3. 资产负债率

$$资产负债率 = 总负债 \div 总资产$$

资产负债率不仅表现了企业整体的偿债能力与财务风险，还代表了企业的资本结构。资产负债率过高或者过低都不合适，过高一般意味着企业财务风险较高，且在企业的资本结构中，股东权益占比较少；过低意味着企业缺乏利用外部资金的能力，不利于企业的成长和发展，对于股东来说，过低的资产负债率也意味着需要提高财务杠杆来增加股东价值。

资产负债率多高才是合适的呢？一般认为，资产负债率在40%~60%是比较合适的，高于70%就过高了，应该引起关注。但是也需要结合实际来分析，对于创业期中小企业来说，一般难以获得银行贷款，融资渠道主要来自股东或企业的留存收益，资产负债率一般较低。而在负债结构中与经营活动相关的项目规模较大，且利润表中营业收入与利润规模水平稳定增长，这种情形下，高水平的资产负债率并不意味着企业可能陷入财务风险，反而说明企业有比较活跃的经营活动，而且在供应链中有较高的竞争优势。

（二）与利润表相关的财务比率

与利润表有关的财务比率主要包括考察与盈利能力有关的毛利率、营业利润率、销售净利率，以及涉及期间费用有效性的销售费用率、管理费用率和研发费用率。

1. 毛利率
$$毛利率 = 毛利 \div 营业收入$$

毛利是营业收入减去营业成本，是初创期中小企业经常使用的与利润相关的指标。毛利用以反映企业的初始盈利能力，往往与企业所处行业的特点和企业在行业中的竞争优势有关。毛利率用来计量管理者根据产品成本进行产品定价的能力，也就是企业的产品还有多大的降价空间。

2. 营业利润率
$$营业利润率 = 营业利润 \div 营业收入$$

如果企业的营业利润中政府补助等其他收益、公允价值变动损益、投资收益以及资产处置收益等项目的数额较小或者为零，则这个比率能够代表企业经营活动所谋求的经营成果，能够评价管理层在经营活动中的经营绩效和管理能力。

3. 销售净利率
$$销售净利率 = 净利润 \div 营业收入$$

销售净利率用来衡量企业的营业收入最终给企业带来盈利的能力，如果比率过低，表明企业的经营管理者未能创造出足够多的营业收入或者没有成功地控制成本。销售净利率对于评价企业的盈利能力非常重要，它是杜邦分析法非常重要的组成部分。

4. 销售费用率、管理费用率、研发费用率
$$销售费用率 = 销售费用 \div 营业收入$$
$$管理费用率 = 管理费用 \div 营业收入$$
$$研发费用率 = 研发费用 \div 营业收入$$

销售费用率、管理费用率和研发费用率衡量不同类型的期间费用与营业收入相比的有效性，对于这三个指标可以通过同行业比较和前后期比较，结合行业竞争状况和企业的战略选择，考察各类费用的有效性。但需要注意的是，对于创新创业企业来说，研发活动是企业获得核心竞争力的关键，不宜盲目降低其规模，否则对企业长期发展可能产生不利影响。

（三）与资产负债表、利润表同时相关的财务比率

以上财务比率仅考察了企业盈利能力的一个方面，即企业的产品或者劳务在市场盈利方面的竞争力，但没有显示企业获得这种利润与所消耗的资源之间的关系，也没有显示企业利润是否产生了货币资金。因此，我们需要将利润表的项目与资产负债表的项目相关联，从而从更大的视野对企业的盈利能力进行分析与评价。这类重要的财务比率包括总资产报酬率、净资产收益率、存货周转率、商业债权周转率、流动资产周转率、总资产周转率。

1. 企业盈利能力分析

$$总资产报酬率 = 息税前利润 \div 总资产均值$$
$$息税前利润 = 净利润 + 所得税 + 利息费用$$
$$净资产收益率 = 净利润 \div 平均股东权益$$

总资产报酬率与净资产收益率综合反映企业的盈利能力。息税前利润反映了管理层对所有资产进行管理而产生的效益，是对管理层利用企业现有资源创造价值能力的评价与考察。企业如果在资产中"淤积"了大量与盈利能力无关的资产，比如过高的货币资金存量、规模较大的其他应收款等劣质资产、过高的存货或过大的固定资产等，都会影响总资产报酬率的水平。

净资产收益率反映了企业管理层对股东投入的资产进行管理所产生的效益，反映了企业对股东的回报情况。在股东权益最大化的财务管理目标下，净资产收益率能够在一定程度上评价企业价值，是非常重要的评价企业综合盈利能力的指标，也是杜邦分析法的起点。净资产收益率的高低不仅与净利润有关，还与股东权益有关，进行合理的债务融资对提高净资产收益率有促进作用。

2. 企业营运能力分析

$$存货周转率 = 营业成本 \div 平均存货$$
$$商业债权周转率 = 赊销净额 \div 平均应收款项$$
$$流动资产周转率 = 营业收入 \div 平均流动资产$$
$$总资产周转率 = 营业收入 \div 平均资产总额$$

以上指标表现企业营运各种资产的能力。一般来说，上述各类周转率越高，企业运用各项资产以赚取利润的能力越大，企业的资产质量越高。

存货周转率越高的企业，表明其存货周转得越快，企业的销售能力越强。

商业债权周转率中应收款项应包括应收账款与应收票据，在企业预收款方式销售不多、赊销较多的情况下，可以通过计算商业债权周转率来考察企业赊销债权的回收情况。在实践中，更简单地考察企业商业债权回收状况的方法是比较期末商业债权与期初商业债权的规模差异，来判断商业债权是增加了还是减少了。如果企业期末的商业债权规模大于期初的商业债权规模，增加的部分就是企业因赊销当期少回收的商业债权；如果企业期末的商业债权规模小于期初的商业债权规模，减少的商业债权的规模就是企业当期赊销债权全部回收后，多回收的相当于期初债权的部分；如果企业期末商业债权的规模与期初的商业债权规模相当，则表明企业当期赊销款全部回收。

流动资产周转率考察企业流动资产的周转效率。如果企业的流动资产周转率不高，可能是企业的市场出了问题，也可能是企业流动资产结构出了问题，比如企业的存货、货币资金增加过快时，这些存货和货币资金不可能带来增量营业收入，此时流动资产的增加往往会降低企业流动资产整体的周转速度。

总资产周转率可以评价企业资产总额的周转效率。总资产周转率不高，可能是企业所处的市场出了问题，也可能是企业的资产结构不合理，比如企业的资产结构变化与企业市场经营活动没有关系时，企业增加的资产不可能带来增量的营业收入，从而使企业资产整体的周转速度降低。总资产周转率也是非常重要的财务比率，是杜邦分析法的重要组成部分，通过评价总资产周转率，企业可以最大限度地降低与营业活动无关的资产，优化企业整体资产结构。

四、杜邦分析法

杜邦分析法（DuPont Analysis），是一种通过综合几种主要的财务比率之间的关系来全面分析企业财务状况的方法，旨在通过层层分解净资产收益率，发现影响公司净资产利润的关键因素。

（一）杜邦分析法：第一层分解

如前所述，净资产收益率是衡量股东权益盈利能力的核心财务比率，是杜邦分析法的起点。为了提高净资产收益率，需要从生产经营和管理多方面采取有效措施。但是，从财务比率分析的角度来看，影响净资产收益率的因素只有两个：总资产报酬率和权益乘数。也就是说，净资产收益率其实就是总资产报酬率与权益乘数的乘积。

$$净资产收益率 = \frac{净利润}{平均净资产} = \frac{净利润}{平均资产总额} \times \frac{平均资产总额}{平均股东权益}$$
$$= 总资产报酬率 \times 权益乘数$$

净资产收益率的分子为净利润，因此总资产报酬率的分子应为净利润而不是息税前利润，分母为平均资产总额；权益乘数应为平均资产总额比平均股东权益，而不是总资产与股东权益的比率。

总资产收益率和权益乘数这两个因素共同决定了净资产利润率，公司提高净资产利润率有且仅有提高总资产报酬率和扩大权益乘数这两条途径。仅从数量关系上看，总资产报酬率和权益乘数这两条途径对于提高总资产报酬率有着同样重要的意义，但事实上未必如此。通过提高财务杠杆来提高净资产收益率，利益与风险相伴。特别是当财务杠杆过高时，财务杠杆风险的潜在损失就可能超过财务杠杆利益。经验上，资产负债率的上限为70%，从而权益乘数的上限应该约为3.33。这就意味着，当公司的权益乘数接近甚至超过上限值时，借此提高净资产收益率，实际上伴随着极大的财务风险。所以，在资产净利率既定的情况下，通过扩大权益乘数来提高净资产利润率是不可持续的。且对于创业期中小企业来说，本身就面临着较高的信贷约束，通过提高财务杠杆来提高净资产收益率是非常困难的。

（二）杜邦分析法：第二层分解

从财务比率分析的角度来看，影响总资产报酬率的因素也有两个：销售净利率和资产周转率。杜邦分析法第二层分解如下：

$$总资产报酬率 = \frac{净利润}{平均总资产} = \frac{净利润}{营业收入} \times \frac{营业收入}{平均资产总额}$$

$$= 销售净利率 \times 总资产周转率$$

如前所述，资产周转率是反映公司全部资产的运营效率。该比率越大，表示公司资产运营效率越高。仅从数量关系上讲，提高总资产报酬率可以从提高资产周转率和销售利润率这两条途径来实现。但在实践中，对于不同企业而言，这两条途径对提高总资产报酬率进而提高净资产收益率的意义并不相同，偏重销售净利率还是偏重总资产周转率，主要取决于企业生产经营产品或服务的市场需求特征、市场竞争程度以及公司内部资源状况等。

一般认为，降低售价虽然可能减少企业的净利润，但销量的增加使企业库存商品、商业债券、流动资产与固定资产周转速度增加，进而提高总资产周转率。但如果企业所在的市场，产品或服务的价格——需求弹性较高，降价并不能显著增加销售，那么这类企业更应该提高销售净利率，一味追求资产周转率的提高对增加净资产收益率的意义可能不大。如果企业虽然能通过降价增加销售量，但是由于企业内部资源限制等原因无法提高产能满足市场需求，那么保持较高的销售净利率可能是更恰当的选择。

（三）杜邦分析法：进一步讨论

将上述两层分解整合到一起，得到：

$$净资产收益率 = \frac{净利润}{平均净资产} = \frac{净利润}{营业收入} \times \frac{营业收入}{平均资产总额} \times \frac{平均资产总额}{平均股东权益}$$

$$= 销售净利率 \times 总资产周转率 \times 权益乘数$$

企业综合盈利能力受核心业务的盈利能力、资产运营能力和偿债能力共同决定。三个类别的指标同时保持较高水平不具有可持续性，需要企业根据所处的行业、提供产品或服务的属性、企业所掌握的资源等因素来综合制定符合自身需求的战略。

如图6-1所示，观察销售净利率、总资产周转率和权益乘数这三个财务比率的分子和分母，可以发现这三个财务比率的关键影响因素。例如，销售净利率的分子净利润，是营业收入减去营业成本及各项费用（包括销售费用、管理费用、财务费用、税金、营业外支出等）后的差额。又如，总资产周转率的分母资产总额是流动资产与非流动资产之和。当然，还可以进一步分解营业成本、各项费用、流动资产和非流动资产等财务指标。

通过这样的层层分解，就可以观察到更为具体的影响因素，犹如从树根（股东价值最大化）出发，首先观察树干（净资产收益率），其次观察树杈（销售净利率、总资产周转率和权益乘数），再次观察树枝（营业成本、各项费用、流动资产、非流动资产等），甚至进一步观察树叶（更细分的财务指标）。

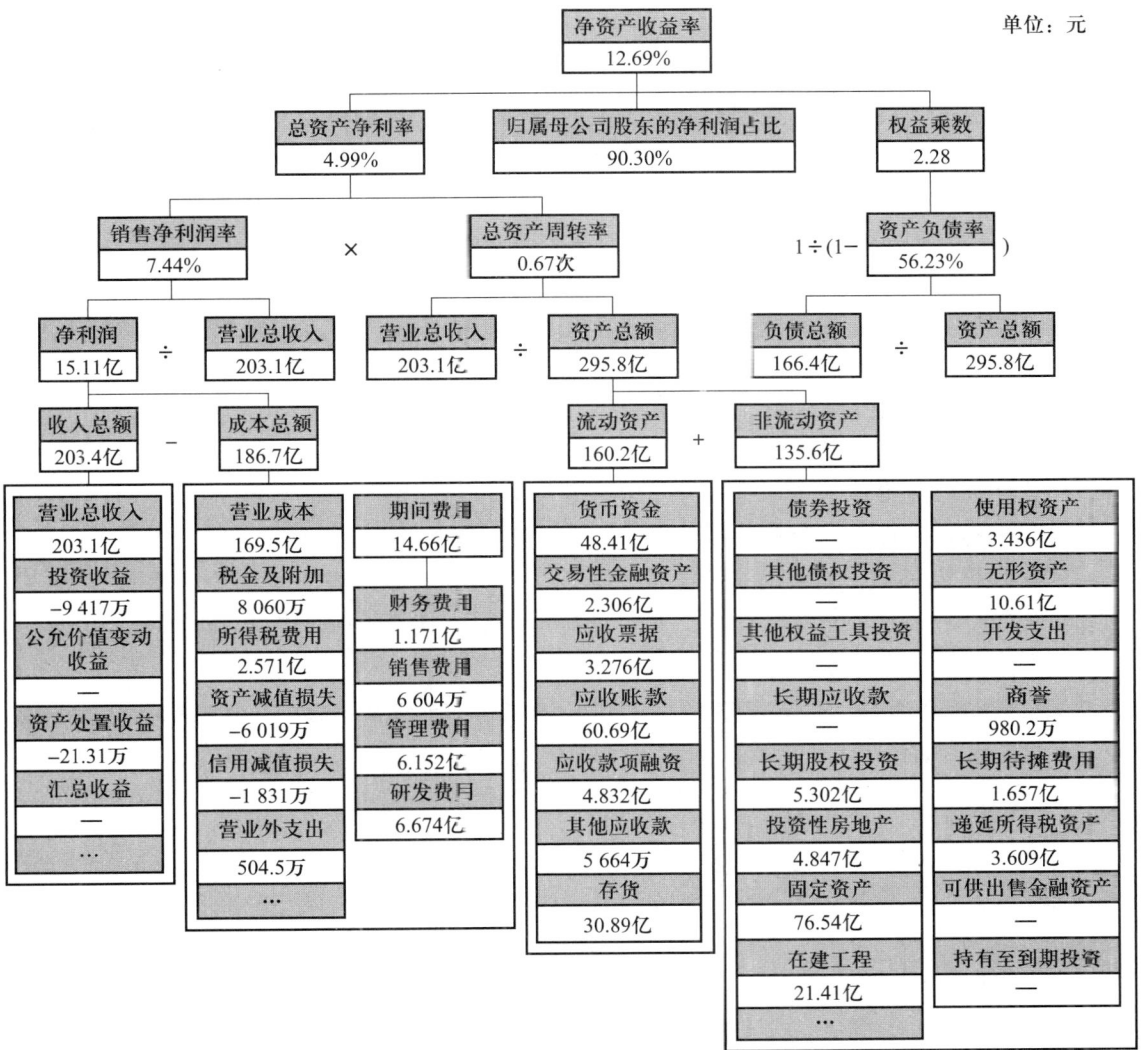

图6-1　贝瑞特公司2023年9月30日运用杜邦分析法创建的模型

拓展启示

我国多层次资本市场建设的发展

自党的十八大以来，我国多层次资本市场的建设取得了巨大进步，逐步形成了各板块功能互补、各具特色、各显优势的多层次资本市场。习近平总书记十分重视资本市场在金融运行中的重要作用，提出"在社会主义市场经济体制下，资本是带动各类生产要素集聚配置的重要纽带，是促进社会生产力发展的重要力量"[①]。

目前我国形成了主板市场、二板市场、新三板市场和四板市场，回应不同投资者和融资者对金融服务的需求。主板市场也称一级市场，对发行人的营业期限、股本大小、盈利水平、最低市值等方面的要求很高，定位为白马蓝筹股。2004年5月，经国务院批准，中国证监会批复，同意深圳证券交易所在主板市场内设中小企业板块，中小板也属于主板市场；上海证券交易所设立的科创板以及深圳证券交易所设立的创业板是地位仅次于主板市场的二板市场。尤其是2019年，经党中央、国务院同意，中国证监会发布的《关于在上海证券交易所设立科创板并试点注册制的实施意见》，是对习近平总书记关于资本市场一系列指示精神的深入落实，进一步落实了资本市场支持创新驱动战略，增强了资本市场对我国关键核心技术创新能力的服务水平，为上海金融中心和科创中心建设提供支撑。三板市场的全称是"代办股份转让系统"。新三板市场分为基础层、创新层、精选层三层，后将精选层都移到北京证券交易所，以便更好服务创业型、成长型中小微企业。场外市场主要包括区域性股权交易市场、券商柜台市场以及私募基金市场。其为创业型、科技型中小企业的高质量发展提供了有力支持。

---

① 《习近平谈治国理政》第四卷，外文出版社2022年版，第219页。

第七章

创业融资

 案例导读

滴滴的创业融资之路

滴滴出行是中国知名的打车软件平台，成立于2012年，创业初期面临着资金短缺的严峻挑战。该公司通过数轮融资得以不断发展：

种子轮融资：在创立初期，滴滴通过一些天使投资者的支持，成功筹集了数百万元人民币的种子轮融资。这笔资金帮助滴滴改善了平台的用户体验，扩大了市场推广，并增强了技术开发能力。

A轮融资：随着业务的扩展，滴滴在2013年进行了A轮融资，由腾讯公司领投，融资总额超过1亿美元。这笔资金支持滴滴在国内市场的快速扩张，加强了市场营销和品牌建设。

B轮融资：2014年，滴滴进行了B轮融资，由阿里巴巴公司领投，融资总额达到数十亿美元。这笔资金帮助滴滴进一步扩展了服务覆盖范围，增强了技术研发能力，并加速了对移动互联网的应用和创新。

通过这些融资轮次，滴滴迅速成长为中国乃至全球领先的出行服务平台之一，展示了创业公司如何通过资金的有效运用实现持续发展和市场领导地位的目标。

第一节 创业融资概述

一、创业融资的概念

根据著名经济学家约瑟夫·施蒂格利茨（Joseph Stiglitz）的观点，融资是指为支付超过现金支付能力的购货款而采取的货币交易手段，或为取得资产而集资所采取的货币手段。企业根据自身的生产经营状况、资金拥有状况以及未来经营发展的需要，通过科学的预测和决策，向企业的投资者和债权人筹集资金，以保证企业正常生产和经营管理活动的资金供应。

创业融资是指新创企业在创立、发展过程中，为满足企业运营、市场拓展、产品研发、团队建设等多方面需求，从外部筹集资金的行为。创业融资可以帮助企业快速获得必要的资源，加速成长，抓住市场机会。创业融资可以分为以下几个不同阶段，每个阶段的融资目的、资金来源和融资方式可能会有所不同。

（1）种子轮融资。种子轮融资是企业在初创阶段进行的融资，通常用于验证商业模式、产品原型开发或初步市场测试。其资金可能来自创始人自己、亲朋好友、天使投资人或一些专门的种子基金。

（2）天使轮融资。当企业有了初步的产品或服务，并显示出一定的市场潜力时，会吸引天使投资人。天使投资通常来自成功的企业家或投资机构，他们不仅提供资金，还可能提供行业经验、网络资源和管理指导。

（3）A轮、B轮、C轮融资等。随着企业的发展和基于扩张需求，企业会进行多轮机构融资。一般而言，每一轮融资都有特定的目标，如扩大市场份额、加强产品研发、提升品牌影响力等。其资金主要来源于风险投资公司、私募股权基金等专业投资机构。

（4）后期融资。包括上市前基金融资等，此时企业接近上市或已经非常成熟，融资规模较大，所融资金可能用于大规模扩张、并购竞争对手或准备公开上市。

（5）其他融资方式。除了上述常见的股权融资外，企业还可以通过债权融资（如银行贷款、债券发行）、众筹、政府补助、创业竞赛奖金等多种途径筹集资金。

二、创业融资的过程

一般来说，创业融资过程包括以下五个方面内容：融资准备、资金需求评估、寻找资金来源、融资项目展示和融资决策。

（一）融资准备

创业融资是一个复杂的过程，既涉及技术层面，也涉及社会层面。在融资之前，创业者需要做好充分的准备工作。在融资前的准备阶段，创业者应该注意以下几点：了解融资过程；建立和维护个人信用；积累人脉资源；学习资金需求的估算方法；熟悉融资渠道；掌握商业计划书的编写策略；提高谈判技巧；等等。在这些准备工作中，个人信用的建立尤为关键。个人信用记录包括个人基本身份信息、信用记录、社会公共信息记录和特别记录等。在创业融资中，个人信用记录对于能否获得投资起到决定性作用。通常情况下，创业者的最初资金来源于亲友和同事，如果个人信用不佳，将会增加融资的难度。因此，创业者应尽早树立起良好的个人信用，保持诚信、守法，以此为融资过程奠定坚实的基础。此外，创业者的人际关系网络构成初创企业的社会资本，这种社会资本可以帮助企业获取初始投资。不过，这并不意味着人际关系可以被视为寻租的手段，而是应该基于正常的社会关系，如师生、同学、朋友、同事等，他们能够为创业者提供有用的信息和资源。

（二）资金需求评估

在创业融资过程中，需准确评估资金需求量。资金需求的估算是融资计划的基础，因为它决定了创业者需要筹集的资金数额，以便支持企业的正常运营和发展。创业者需要清楚了解创业所需资本的用途，这些资本主要分为固定资本和运营资本两种形式。

固定资本主要用于购买设备、建造厂房等固定资产，这些资产长期占用，可采取长期融资方式。而运营资本则用于购买原材料、支付工资等日常开支，这些资金可采取短期融资方式。创业者在估算资金需求量时，需要考虑到企业发展不同阶段所需的资金，考虑如市场调查、产品研发、生产成本、人力资源成本以及预期的利润等因素。

资金需求量的估算并不是简单的财务测算问题，而是一个综合考虑内外部资源条件的决策过程。创业者需要在财务数据的基础上，全面考虑企业的经营状况、战略规划以及市场竞争等因素，以确保资金需求量的准确评估，并为融资决策提供有力支持。

（三）寻找资金来源

创业者需积极寻找合适的资金来源。首先，创业者应排查自身人际关系，包括亲友、同事等，寻找可能提供资金支持者或通过其引荐投资者。其次，创业者应收集银行、政府、风投等机构提供的资金支持信息，并特别关注政府创业政策和创业生态资源。最后，创业者应慎重考虑融资渠道对企业所有权结构的影响，根据发展规划选择合适渠道。

（四）融资项目展示

在选择一般性融资渠道时，如自有资金、亲友融资、银行贷款、政府基金等，创业者只需遵循机构的要求提供所需资料即可获得融资。然而，天使投资和创业投资还需要创业者与投资者进行深入接触，并通过充分展示创业项目的市场潜力和盈利性，获取投资者的认可。因此，制作一份完整的创业计划书和融资PPT至关重要。这不仅有助于争取投资，还能明确战略与发展计划，为团队提供培训素材，并为未来融资奠定基础。

（五）融资决策

融资决策是制定最佳融资方案的过程。融资决策直接影响着企业的生存和发展。在做出融资决策时，需要考虑多个因素，包括融资渠道的选择、融资方式的确定以及股权和债权出让的比例等。这些因素将直接影响企业后续的经营和长远发展。为了确保企业的生存和发展，创业者需要认真考虑各种融资选择，并根据企业的实际情况和发展需求来制定最佳的融资方案。这需要充分的调研和分析，以及对市场和行业的深刻理解，以确保融资决策的准确性和有效性。

相关案例

> **信用之难：电器公司的贷款困境**
>
> 广东省中山市某电器公司生产装饰型电风扇，产品通过我国香港地区的关联公司销往海外，年销售额6 000多万元，纯利润达1 000万元以上。由于扩大生产规模的需要，该电器公司拟向多家国有银行申请贷款融资，因其在内地银行没有良好的现金流量和信用记录，该公司始终无法获得银行贷款。

第二节 创业融资渠道

融资渠道是企业获取资金的来源和通道，决定着资金的来源和流向。根据融资对象的不同，创业融资渠道可以分为私人资本融资、机构融资和政府背景融资。私人资本融资主要包括创业者自有资金、亲友融资和天使投资；机构融资则是指企业向相关机构融资，包括银行贷款、信用融资、融资租赁和创业投资等；而政府背景融资则是指针对创业企业的各种扶持基金和优惠政策，如政府专项基金、财政补贴、贷款援助和税收优惠等。了解各种融资渠道的种类、特点和适用性，有助于创业者充分利用和开拓这些渠道，实现资金的合理组合，以满足企业的资金需求。

一、私人资本融资

由于企业在创建初期面临较高的风险和较大的不确定性,通常很难获得金融机构的关注和支持。世界银行旗下的国际金融公司曾对北京、成都、顺德、温州四个地区的私营企业进行调查,结果显示,在创业初期阶段,我国私营中小企业几乎完全依赖自筹资金,超过90%的初始资金来自内部积累、创业团队成员及其家庭,而银行和其他金融机构提供的资金比例很小。[①] 因此,私人资本成为创业初期主要的融资渠道。

(一)个人资金和亲友投资

从资金成本的角度来看,个人资金成本是最低廉的。当创业者试图引入外部资金时,投资者通常会要求创业者有个人资金投入。个人资金是创业融资中最基本的渠道,几乎所有创业者都会向新创企业投入个人积蓄。创业者个人资金的投入代表了创业者对项目前景的信心,表明其愿意为企业的发展承担风险,是对企业长期发展的有效保障,也是对债权人债权的保障。创业者前期投入的资金越多,最终获取的创业投资分红也会越多,对企业的控制权也会更大。

向亲友融资也是初创企业中较为常见的融资方式。这种方式建立在亲情和友情的基础上,而不仅仅是为了追求高额利润。向亲友融资时,创业者必须遵循现代市场经济的规则、契约原则和法律形式,以规范融资行为,保障各方的利益,减少不必要的纠纷。创业者在向亲友融资之前,应该仔细考虑这种行为对亲友关系的影响,特别是在创业失败时可能产生的影响。要将可能的风险和不利因素都告知亲友,尽量避免纠纷。

(二)天使投资

天使投资一词起源于20世纪的纽约百老汇。最初,百老汇内部人员将"天使"一词用来描述演出的投资者,这些资助者支持了许多舞台作品,帮助有潜力但缺乏资金的演出成为现实,因此被尊称为"天使"。随着时间的推移,20世纪中后期,"天使投资"被广泛用于描述对初创企业的早期投资行为。

天使投资是指自由投资者或非正式机构向富有创意、具有市场潜力的创业项目或小型初创企业提供一次性前期投资的行为。天使投资往往在企业的种子期和初创期介入,不仅为创业者提供重要的资金支持,还经常伴随着投资人的经验、人脉网络等无形资源的输入,对促进创新、推动社会经济发展起到了重要作用。这一投资形式因其灵活、快速的决策过程和对创新项目的偏好,成为风险投资领域不可或缺的一部分。

---

① 转引自尼尔·格雷戈里等:《中国民营企业的融资问题》,载《经济社会体制比较》2001年第6期。

相关案例

小红书的天使之翼：初创企业腾飞的背后故事

小红书公司2013年初创时，创始人成功向一些个人投资者和风险投资公司募集了约500万美元的资金。这些天使投资者包括一些知名的风险投资人和企业家，他们不仅提供了资金支持，还为小红书提供了战略指导和业务发展建议。这些资金帮助小红书从一个小型社交电商平台成长为中国领先的内容社区和电商平台，而这些天使投资者在小红书成功后也获得了可观的投资回报。

二、机构资金融资

机构资金融资是企业获取资金的重要途径之一，涵盖了银行贷款、商业信用融资、融资租赁和创业投资等多种方式。通过与各种机构合作，企业可以获得灵活的资金支持，并促进业务的发展和扩张。

（一）银行贷款

银行贷款是企业最常见的融资方式，企业可以通过向银行申请贷款来满足资金需求。银行通常会根据企业的信用记录、还款能力和担保情况等因素来确定贷款额度和利率。银行贷款具有灵活的还款期限和多样化的产品，可以满足不同企业的资金需求，是企业经营和发展的重要支撑。

（二）商业信用融资

商业信用融资是指企业通过与供应商或客户之间的商业往来，获得一定期限的赊销或延期付款来解决资金需求。这种方式可以帮助企业在不增加负债的情况下延长资金周转周期，提高资金利用效率，加强与商业伙伴的合作关系。

（三）融资租赁

融资租赁是指出租人根据承租人对租赁物件的特定要求和对供货人的选择，出资向供货人购买租赁物件，并租给承租人使用，承租人则分期向出租人支付租金。在租赁期内，租赁物件的所有权属于出租人，而承租人拥有租赁物件的使用权。例如，某企业需要一台特定型号的大型设备用于生产，但由于资金不足无法直接购买。此时，企业可以与融资租赁公司合作，由融资租赁公司出资购买该设备，然后租给企业使用。企业在租赁期内按照合同约定支付租金，租赁期满后，根据合同约定可以选择购买该设备，从而获得设备的所有权。

融资租赁通常分为两种形式：直租和回租。直租是指企业向租赁公司租用资产并支付租金，在租赁期满后有权选择是否购买该资产。而回租是指企业将已拥有的资产抵押给租赁公司，从而获得资金，然后再从租赁公司租回并继续使用该资产。

融资租赁的主要优点是资金灵活、资产无形担保、租金支付灵活、税收优惠等。企业可以通过融资租赁获取所需资产而无需一次性支付大笔资金，减轻了资金压力，提高了资金使用效率。此外，融资租赁在税收上也有一定的优惠政策，有助于降低企业的税负压力。

相关案例

华为总部回租策略：支撑全球扩展的资金智慧

2004年，为了筹集资金支持全球市场扩张，华为公司选择将其位于深圳总部的办公园区出售给地产开发商，并与其签订了长期租赁协议。

这项交易为华为公司带来了重要的资金来源，同时确保其可以继续在原址进行核心业务和技术研发活动，而无需承担房地产管理的负担。这种回租交易不仅增强了华为公司的资金灵活性，还有效支持了其在全球技术创新和市场扩展战略的实施。

（四）创业投资

创业投资，又称风险投资，是指投资者将资金投入到有潜在风险但也具有较大发展前景的初创企业或项目中。这种投资方式通常发生在企业初创或发展初期，此时企业面临着较大的不确定性和风险，但也存在着巨大的市场机遇和发展潜力。

创业投资者通常是寻求高回报的资本家、风险投资基金、私募股权基金等。他们愿意承担企业初创阶段的高风险，为企业提供资金支持，并通常会积极参与企业的管理和决策过程。与传统的贷款不同，创业投资通常以股权或其他权益形式进行，投资者期望在企业成功时分享企业的增值和利润。

创业投资的目标是通过帮助企业成长和发展，实现资本的最大化回报。成功的创业投资不仅能够为投资者带来丰厚的回报，还能推动技术创新和经济增长，促进社会的进步和繁荣。

三、其他社会融资

（一）科技型中小企业技术创新基金

科技型中小企业技术创新基金由政府设立，旨在促进中小企业的技术创新和研发活动。这些基金通常以补贴、奖励或贷款等形式提供，帮助企业解决技术研发过程中的资金短缺问题，推动企业的技术创新和产业升级。

在党的二十大的指导下，政府将继续加大对科技型中小企业的支持力度，通过技术创新基金等形式，为中小企业提供更多的资金和政策支持，鼓励企业加强技术研发和创新能力，推动产业结构优化升级，为实现高质量发展奠定坚实的基础。

（二）中小企业国际市场开拓资金

中小企业国际市场开拓资金是由政府或政府相关部门提供的一种资金支持，以帮助中小企业扩大海外市场份额，增强国际竞争力。这些资金通常以补贴、奖励或贷款的形式提供给符合条件的中小企业，以支持其国际市场拓展活动。这种资金支持有助于解决中小企业在国际市场拓展过程中面临的资金短缺、风险高等问题，降低国际市场的进入门槛，促进海外业务的发展。政府出资通常会根据中小企业的国际市场开拓计划和项目需求，提供资金支持。这些资金可以用于国际市场调研、产品推广、产品认证与注册、参加国际展会、开发海外销售渠道、建立海外办事处等方面的支出。

我国采取了一系列政策措施支持中小企业国际市场开拓，党的二十大对其进一步确认和强化。党的二十大强调坚持高水平对外开放，加快构建新发展格局，为中小企业"走出去"提供了更加明确的政策指引和战略支持。我国定期举办亚太经合组织会议、中国国际民间组织合作促进会、中亚峰会、博鳌亚洲论坛等，利用国际合作平台拓展国际市场，为中小企业提供了重要的资金支持和政策保障，促进了中小企业的国际化进程，有助于实现共同繁荣和可持续发展的国际经济环境。

（三）大学生创业优惠政策

大学生创业优惠政策是政府为鼓励大学生创业而出台的一系列政策举措。这些政策包括创业补贴、税收优惠、创业培训、创业孵化基地建设等，旨在降低大学生创业的风险和成本，提供更多的创业支持和帮助。政府通过大学生创业优惠政策的实施，鼓励更多的高校毕业生投身创业，不仅有助于解决就业问题，也是培养新一代创新人才、推动社会经济发展的重要途径。

（四）众筹融资

众筹融资是一种通过网络集结大量人群的资金和资源来支持特定项目或创意的行为。通常情况下，个人或组织会在专门的平台上发布项目的详细信息，并设定一个目标金额，任何感兴趣的人都可以向该项目捐款，以帮助实现该项目的目标。

众筹融资可以用于各种项目，如新产品、慈善事业等。对于捐赠者来说，众筹融资是一种参与创新创业的方式；对于项目创建者来说，众筹融资提供了一种有效的资金来源，可以帮助他们实现梦想并启动项目。众筹融资是一种基于大众力量的筹款方式，通过互联网的连接和社交媒体的传播，为项目的实现提供了更多的机会和可能性。

开放性和透明度使得众筹平台成了一个非常有吸引力的融资渠道。与传统的融资方式相比，众筹融资的优势在于其更为灵活和高效。众筹融资还可以帮助创业者快速验证自己的创意和商业模式，通过向大众展示项目，并观察其反馈和支持程度，创业者可以更好地了解市场的需求和用户的喜好，及时调整自己的计划，提升项目的成功率和可行性。

第三节 创业融资决策

了解创业融资的不同方式及其适用性对于创业者至关重要。融资决策需要考虑不同融资方式的优缺点、融资成本、资金的需求和用途、企业所处的生命周期阶段和企业自身特征。选择合适的融资方式需要全面考虑企业的实际情况和外部环境，并根据具体情况作出决策。

一、融资渠道选择

企业融资的需求通常具有阶段性特征，不同生命周期阶段的企业会面临不同的风险和需求。因此，在选择融资渠道时，创业者需要根据企业所处阶段的特点，匹配合适的融资渠道，以提高融资效率，解决融资难题。

在种子期，企业面临高度不确定性，外部融资难度较大，此时创业者常常依赖自有资金、亲友资金、天使投资、创业投资以及合作伙伴的投资。随着企业进入启动期，创业者可以采用抵押贷款等方式筹集资金。进入成长期后，企业的发展潜力逐渐显现，资金需求增加，融资渠道也更为丰富。在早期成长阶段，创业者常常利用股权融资、合作伙伴投资等方式筹集资金，同时也可以考虑抵押贷款、租赁和商业信用等方式。随着企业发展到成长期后期，其经营能力和资产规模不断增强，创业者更多地利用负债融资，以获取经营杠杆收益。

企业生命周期阶段与融资渠道之间存在的对应关系如表7-1所示。表7-1中，深色的区域为该阶段采用较多的融资渠道，浅色的区域为该阶段可能会采用的融资渠道。

表7-1 企业生命周期与融资渠道选择

融资渠道	生命周期			
	种子期	启动期	成长期	成熟期
自有资金	■■	▨		
亲友资金	■■	▨		

续表

融资渠道	生命周期			
	种子期	启动期	成长期	成熟期
天使投资	■■■	■■■	▓▓▓	▓▓▓
众筹融资	■■■	■■■	▓▓▓	▓▓▓
风险投资	▓▓▓	■■■	■■■	■■■
合作伙伴	■■■	■■■	■■■	■■■
政府基金	■■■	■■■	■■■	■■■
抵押贷款		■■■	■■■	■■■
融资租赁		■■■	■■■	■■■
商业信用		■■■	■■■	■■■

二、融资方式比较

根据资金来源的性质不同，融资可以分为债权性融资和股权性融资两种。

债权性融资是指企业以借款形式从外部获取资金，借款人需按约定的时间偿还本金，并支付利息作为债权人报酬的融资方式。债权人一般不参与企业经营，仅提供资金支持。常见的债权性融资方式有银行贷款、亲友借款等。债权性融资的优点是利息固定、借款人不会失去企业的控制权，适用于企业短期资金需求。然而，债权性融资的缺点是债务压力可能较大，需按时偿还本息。此外，债权人不参与企业经营，导致缺乏战略支持。

股权性融资是指企业向投资者出售股份以换取资金，投资者成为企业的股东，并参与企业经营和决策的融资方式。投资者成为股东后，享有一定比例的企业所有权，可以参与企业重大决策。常见的股权性融资方式有天使投资、风险投资等。股权性融资的优点是可以获得更多的资金，有利于企业长期发展；投资回报与企业业绩挂钩，激励管理层；提供战略性支持和资源整合。然而，股权性融资的缺点是企业可能失去部分控制权，影响决策自主性；风险较高，投资者可能要求高额回报，并可能要求更多的信息披露和监督。总之，债权投资和股权投资各有优缺点，两者的比较如表7-2所示。

表 7-2 债权性融资和股权性融资优缺点比较

融资方式	债权性融资	股权性融资
优点	利息固定,不受企业经营状况影响	可以获得更多的资金,支持企业长期发展
	借款人不会失去企业的控制权	投资回报与企业业绩挂钩,激励管理层
	适用于企业短期资金需求	提供战略性支持和资源整合
缺点	债务压力可能较大,需按时偿还本息	企业可能失去部分控制权,影响决策自主性
	债权人不参与企业经营,缺乏战略支持	投资者可能要求更多的信息披露和监督
	需提供抵押和担保	风险较高,投资者可能要求高额回报

三、融资方式选择

初创企业处于不同的行业和市场环境中时,融资方式的选择会受多种因素的影响。例如,在高科技产业或具有独特商业创意的企业中,由于其创新性和潜在的高收益,创业者往往更愿意选择股权性融资。这种融资方式不仅能够提供资金支持,还能获得风险投资者的专业知识和资源支持,有助于推动企业的快速发展。相比之下,传统行业的企业往往面临较低的经营风险和稳定的预期收益。这种情况下,债权性融资往往更为适合,因为它可以通过借款等方式获取资金,而无需让投资者分享企业的所有权或决策权。

除了行业特点外,创业者的个人背景和经验也会对融资方式的选择产生影响。拥有成功创业经历或在相关领域有丰富经验的创业者可能更容易吸引投资者的股权投资,因为他们展现了成功的潜力和能力。而缺乏相关经验或背景的创业者可能更倾向于寻求债权性融资,因为这种方式相对更为稳妥,不需要承担过多的风险和责任。

因此,创业者在选择融资方式时需要综合考虑行业特点、个人背景、预期收益以及风险承受能力等因素,以确定最适合自己企业发展需求的融资方案。在实践中,初创企业往往难以满足银行等金融机构的贷款条件,因此更多地依赖于民间融资的方式。初创企业的类型、特征和相对应的主要融资方式如表 7-3 所示。

表7-3 初创企业的类型、特征和主要融资方式

初创企业类型	初创企业特征	主要融资方式
高风险、预期收益不确定	现金流短缺	个人积蓄、亲友借款
	高负债率	
	低、中等成长	
	能力未经验证的管理层	
低风险、预期收益可预测	传统行业	债权性融资
	强劲现金流	
	优秀管理层	
	资产负债表良好	
高风险、预期收益高	独特商业创意	股权性融资
	高增长潜力	
	利基市场	
	经验丰富的管理层	

四、创业融资原则

在筹集创业资金的过程中，创业者需要遵循一系列既定的原则，以确保资金的合法性、合理性、及时性、效益性和杠杆性，从而以最低的成本及时获得足够的资金支持。

（一）合法性原则

创业者必须遵守国家法律法规，确保所有融资活动的合法性。这意味着创业者在筹集资金时应严格遵循我国相关法律法规，包括金融监管、合同、证券等相关领域的法律规定。违反相关法律规定可能导致面临民事、行政、刑事法律责任，以及导致企业关闭。

除了承担的法律责任外，违法融资还可能对企业造成负面影响，损害企业的声誉和发展前景。一旦企业被曝光或受到法律制裁，将面临公众的质疑和不信任，这可能导致合作伙伴的流失、客户的流失和员工的离职。此外，违法融资可能影响企业未来的融资能力，因为金融机构和投资者通常会审查企业的信用记录，违法记录将严重影响企业未来的融资渠道和融资成本。

因此，创业者在进行融资活动时务必严格遵守相关法律法规，确保所有融资活动的合法性和合规性。这不仅是对企业自身发展负责，也是对投资人、合作伙伴和

整个市场秩序负责。合法性原则有助于企业建立良好声誉和形象，为企业的可持续发展奠定了坚实的基础。

（二）合理性原则

创业者应当根据企业所处的不同发展阶段以及经营计划，合理评估资金需求量，并选择适合的融资方式和来源。创业者要确保企业获得足够的资金支持，并将资金用于最具效益的投资，以提高企业的生存和发展能力。

首先，创业者需要详细分析企业在不同阶段的资金需求量。在创业初期，企业可能需要资金用于产品研发、市场推广、人员招聘等。随着企业的成长，资金需求量可能会逐步增加，涉及设备更新、生产规模扩大、市场拓展等。

其次，创业者需要根据企业的具体情况选择合适的融资方式和来源。在初创阶段，创业者会依靠个人积蓄、亲友支持或天使投资来获得初始资金。随着企业规模的扩大和业务的发展，创业者还可以采取银行贷款、发行债券、风险投资、上市融资等方式融资。

最后，创业者在选择融资方式和来源时需要充分考虑企业的长远发展规划和资金利用效率。他们应当确保融资方案与企业的经营战略相匹配，避免因资金紧张而影响到企业的正常运营。此外，创业者应当评估不同融资方式的成本和风险，权衡利弊，选择最适合企业发展的融资方案。

总之，合理性原则的遵循有助于创业者在融资过程中做出明智的决策，最大限度地满足企业的资金需求，促进企业健康发展。

（三）及时性原则

创业者应保障资金的及时供应，以便抓住市场机遇并快速响应市场变化。及时获得资金支持还可以帮助企业迅速扩大规模，提升竞争力。

首先，创业者应具备敏锐的市场洞察力和决策能力，随时关注市场动态和竞争对手的行动，及时调整企业的战略方向，并迅速采取行动以抢占市场先机，实现市场份额的提升。

其次，创业者应高效地进行融资活动，避免因资金不足而错失商机。创业者应及时调整资金筹集计划，选择合适的融资方式和来源，并尽快完成融资程序，以确保资金能够及时满足企业的需求。创业者还应该建立稳固的融资渠道，与金融机构和投资者保持良好的合作关系，以便随时获取资金。

最后，创业者应具备灵活应变的能力，能够迅速适应市场的变化和资金的需求状况。他们需要灵活运用各种融资工具和策略，及时调整企业的资金结构和运营模式，以适应市场需求的变化，并确保企业能够保持持续稳健的发展。

（四）效益性原则

创业者应综合考虑投资回报率和融资成本之间的平衡关系，确保融资决策符合企业的长远利益。创业者需要全面评估不同融资方式的投资回报率，只有当投资项目的预期收益高于融资成本时，才能吸引投资者并实现融资的最大化效益。创业者必须合理评估不同融资方式的融资成本，包括利息、手续费等费用。创业者还应注重风险管理，通过多种方式降低投资风险，并及时调整融资策略应对市场变化，以实现资金的最优利用。

（五）杠杆性原则

融资中的杠杆性原则，通常是指企业在进行融资活动时，利用债务融资来提高自有资金的收益能力。这种原则基于财务杠杆效应，即通过借入资金（债务）来增加企业的财务杠杆比率，从而在企业盈利时，能够放大自有资金的收益。

具体来说，杠杆性原则涉及以下几个方面：

（1）债务与权益的平衡。企业在融资时会权衡债务和权益的比例，以期达到最佳的资本结构，这通常涉及债务成本和权益成本的比较。

（2）财务杠杆效应。当企业的总资产利润率大于债务的利率时，举债可以增加每股收益，因为债务利息是固定的，而企业的利润增长可以带来更多的收益。

（3）风险与收益的权衡。虽然杠杆可以提高收益，但同时增加了企业的财务风险。如果企业的利润不足以支付债务利息，那么企业的财务状况可能会恶化。

（4）资本结构调整。企业可能会通过调整资本结构，比如回购股份或发行新债务，来优化财务杠杆，提高企业的市场价值。

（5）杠杆收购。在某些情况下，企业可能会使用杠杆收购的方式来获取目标公司的控制权，即通过少量的自有资金加上大量借入的资金来完成收购。

（6）复合杠杆。当企业同时使用财务杠杆和经营杠杆时，会对企业的收益产生更大的影响，这种双重杠杆效应需要谨慎管理。

总的来说，融资中的杠杆性原则是一种通过债务融资来增加企业收益潜力的策略，但需要企业谨慎管理，以避免过度负债带来风险。

拓展启示

信用之光：创业路上与生活中的珍贵财富

企业在创业融资过程中应重视信用建设，将诚信经营作为基本原则。这与党的二十大提出的"完善产权保护、市场准入、公平竞争、社会信用等市场经济基础制度，优化营商环境"的精神相契合。企业应通过遵守法律法规、履行合同义务、及时偿还债务等方式树立良好的信用形象。良好的信用记录不仅有助于企业获取银行贷款等融资支持，还可以增强企业在市场竞争中的信誉和竞争力，推动企业持续稳健发展。企业应将信用建设纳入经营管理的重要议程，注重与各方建立良好的合作关系，树立起可持续发展的信任基础。

在创业融资过程中，企业的信用建设至关重要，同样值得注意的是，现代社会中，个人的信用也已经成为重要的资产。一个人的信用决定了他在社会中的地位和声誉，也直接影响着他能否获得各种资源和机会。

每个人都应该意识到维护自身信用的重要性。建立良好的信用记录不仅有利于个人未来的发展，还有助于社会的稳定与进步。通过诚信守约、言行一致的行为，我们能够树立起良好的个人和企业形象，赢得他人的尊重和信任。在商业活动中，信用更是立足之本，只有建立起良好的商业信誉，企业才能够赢得客户的认可，拓展市场，取得长期发展。因此，维护自身信用，不仅是个人道德修养的体现，更是社会责任和生存发展的需要。

第八章

公司法务

 案例导读

武钢的公司法务探索之路

武汉钢铁（集团）公司（简称"武钢"）于1980年9月经司法部批准组建法律顾问处，是我国最早设立专职法律顾问机构的工业企业，也是国家首批重点企业总法律顾问制度试点企业之一。武钢根据国家有关规定和自身改革发展、生产经营需要，赋予法律顾问机构全面行使法律咨询、项目投资的法律论证、合同管理、工商证照管理、商标管理、企业改制、兼并、破产、诉讼仲裁代理、反倾销、普法等法律事务管理和法律服务的职能。武钢的法律顾问工作已全面融入公司生产经营、改革发展、企业管理的各个环节。

武钢严格按照《关于在国家重点企业开展企业总法律顾问制度试点工作的指导意见》的要求，在原法律顾问工作的基础上，进一步推进总法律顾问制度建设。按照干部管理权限任命了企业总法律顾问。总法律顾问被赋予以下5项权力：依法对企业重大经营决策提出法律意见，对集团公司及其下属子公司违反法律法规的行为提出纠正意见，并负责或者协助有关部门予以整改；负责企业合同管理、商务谈判、知识产权、工商管理、招标投标、改制重组、诉讼、仲裁等方面的法律事务工作；协助总经理抓好企业规章制度建设，负责组织公司重要规章制度的制定和实施；建立健全企业内部法律顾问机构，指导下属单位法律事务工作，推荐下属单位法律事务负责人；主管企业的法制宣传教育和培训。①

---

① 参见《以预防为宗旨 以创新为动力 服务与监管并重构建武钢企业法律顾问工作新格局》，载国务院国有资产监督管理委员会官网。

为了适应企业参与国内外市场竞争的需要，武钢逐步建立起一支懂法律、懂管理、懂经营的法律顾问队伍。截至2011年底，武钢法律顾问人员96人，具有企业法律顾问资格的有77人。同时，武钢有计划地充实完善法律顾问机构，有针对性地引进高层次的法律人才，为武钢生产经营和新一轮改革与发展提供更好的法律服务。

第一节 公司法务概述

一、公司法务的内涵与定位

（一）公司法务的内涵

1997年5月，国家经济贸易委员会发布《企业法律顾问管理办法》，在我国首次建立了公司法务制度。该办法首次确认公司法务是企业经营管理制度的必要内容，其主要负责参与企业决策与法律事务的管理。2002年7月，国家经济贸易委员会联合中组部等在对各地方试点经验的总结基础上，发布《关于在国家重点企业开展企业总法律顾问制度试点工作的指导意见》，在企业中大力建设公司法务制度，以构建现代化企业，提高企业的国际竞争力。2004年5月，国务院国有资产监督管理委员会发布《国有企业法律顾问管理办法》，明确规定了公司法务的内涵、工作原则及职责等内容，为促进企业依法经营，加强公司法务制度建设提供具体实施办法。

公司法务是指对企业经营行为进行法律审查，防范法律风险、管理法律事务的专门人员。从企业角度考察，法务源于企业专业分工及层级分工的需求。专业分工的需求是指由于信息时代发展带来的扁平化，传统粗放式的管理无法满足企业的发展需求，为提高企业经营效率及市场竞争力，企业的发展模式呈现出专业化、精细化等特点，如企业内部根据职责内容的不同细分为市场部、财务部、人力资源部、法务部等。层级分工是由马克斯·韦伯（Max Weber）提出的现代社会组织管理方式发展而来的，强调企业的不同员工根据担任角色不同拥有的权利与义务也不同。公司法务的主要工作内容可以概括为两个方面，即法律事务和管理事务。法律事务一般包括法律咨询、合同审查、诉讼案件办理、规章制度审核等；管理事务指参与企业发展工作的规划、风险控制管理、重大决策法律保障、诉讼及合同管理、外部律师管理等。

（二）公司法务的定位

作为企业经营管理的组成部分，公司法务的所有工作应围绕企业的核心业务内容展开。若公司法务的工作局限于法律概念与条文规定，则只能针对一些简单化、常规化的工作进行处理，而对于一些涉及公司经营决策，关系复杂等极具企业个性化的问题会难以应对。所以，对公司法务的定位可以总结为如下内容：

（1）结合商业思维处理专业问题。企业经营的基本目标是通过经营管理，获得经营收入，实现并追求企业利润。公司法务在企业经营中扮演保驾护航的角色，实质是为企业持续经营提供法律支持。但需要明确的是，公司法务不仅仅提供单纯的专业服务，对于企业战略层面规划、业务管理等方面，公司法务要与企业其他业务部门共同参与，充分预判、控制企业法律问题可能产生的后果并加以考量，有效解决企业经营中可能遇到的诸多法律问题。

（2）融入企业的整体经营管理。公司法务因其工作内容的专业性在企业经营中具有独立性，公司法务在工作中可能存在未与业务部门充分沟通，直接出具专业法律意见的情形，从而造成与业务内容相背离的法律后果。公司法务从事相关工作需要企业内部外部资源的调动配合，单纯依靠法律概念和推理并不能实现企业经营的目的，应当树立服务企业的意识，同企业经营管理相融合，更好地实现企业效率与利润的增长。

（3）以为企业创造价值为追求。公司法务的核心功能是对企业经营过程中存在的风险进行预判、控制和解决，可以根据风险产生的不同阶段划分为事前预判、事中控制和事后解决三个方面。风险控制会涉及公司业务的各个方面，因此公司法务能够立足于企业经营的基础上考量当前企业发展的短板，提供相应的解决方案，影响企业经营战略规划，从而实现对公司除风险控制、权益维护外创造更高价值的定位与追求。

二、公司法务的主要模式

（一）内设法务部门主导模式

内设法务部门主导模式是企业目前主要采取的模式，是指通过在内部设立法务部门并招聘专职员工来处理企业法律事务的模式。该种模式在通常情况下，并不强制要求法务人员必须具备法律职业资格。这种模式下，公司法务部门主要负责处理企业基础的法律工作和非诉业务，以确保企业合法经营；外部律师通常只负责协助处理部分事务，如复杂的诉讼案件。

（二）外部律师主导模式

外部律师主导模式是指一些企业没有设立独立的法务部门，或者即使在企业内部有人负责法律事务，但通常是兼任综合管理岗位，除了处理法律事务外还负责行政管理工作的模式。这些企业主要依赖外部专业律师处理交易风险、诉讼案件和合规事务，通常通过聘请常年法律顾问的方式运行。

（三）公司律师模式

公司律师模式是公司法务模式中一种较为特殊的类型。公司律师通常是在工作一定年限后，通过考核成为公司律师的，虽然其持有律师证书和法律执业资格，但他们是专职为公司服务的法务人员，对外从事法律业务的范围受到限制。2018年12

月发布的《公司律师管理办法》，对公司律师的任职要求、申请程序、权利和义务等内容作了明确规定。与律师执业前需要完成1年实习阶段不同，只要具有法律行业相关经验，就可以按照《公司律师管理办法》提出成为公司律师的申请。但我国目前只规定了国有企业的正式员工可以申请成为公司律师。

相关案例

腾讯公司的法务管理体系

2019年10月，腾讯公司成为司法部批准的首家民营企业公司律师试点单位，共有28名负责公司法律业务的员工获得司法部颁发的公司律师证书。这标志着民营企业中的公司律师成为我国法治队伍中的新生重要力量。腾讯公司法律事务部有400余名员工致力于合规管理、隐私权利、网络保护等法律前沿理论与实务的研究探索，已建立起科学合理的法务管理体系，包括法务综合部、知识产权部、合规交易部。其运作采用"业务法务一体化"的模式，将法务部门和公司业务部门紧密结合在一起，共同为公司的业务提供法律支持和指导。公司的每个业务部门都会配备1名法律顾问，为业务部门提供法律支持和指导，如审核合同、处理纠纷、协助谈判等，为企业的合法合规经营和可持续发展保驾护航。

三、公司法务的作用

公司法务的发展日趋专业化。大多数企业都致力于建立专业水平更高、解决问题能力更强的法务部门，要求其具备专职律师的素养，并承担更专业的工作内容。同时，企业还要求公司法务能力综合化发展，要求公司法务不仅能处理法律事务，还具备对企业业务内容、战略规划、重大决策等方面的综合分析能力，以更好发挥其风险预估和防范、为决策提供支持、维护企业利益等作用。

（一）风险预估和防范

企业在经营过程中不可避免地存在各种风险，其中法律风险是常见类型之一，多数情况下可能通过诉讼等途径显现，对企业的经营管理不利。因此，企业需要对潜在的法律风险进行预估和防范，以最大限度地降低法律风险对企业经营造成的损失，公司法务的核心价值即为风险控制。通过建立公司的风险控制体系，对公司在经营过程中面临的各类基础和重大法律风险进行预判与规避，动态地改善可能引发风险的各个业务环节，并将风险控制纳入企业的全流程管理体系中，以确保公司将可能面临的风险控制在可接受的范围内。

公司法务对风险进行预估和防范主要体现在对公司经营环境的掌控以及风险的有效管理上。公司法务对于经营环境的控制具有实际操作性，其可以根据企业合规的要求和相关政策，积极了解风险的根源，将内部合规、内控管理与风险控制相结合，在公司的组织架构中对经营环境的风险进行控制。风险管理包括确定风险来源、评估风险、预防风险以及事后评估。公司法务在整个风险管理过程中进行监控，通过对公司业务领域的程序和实体漏洞的检查，列举可能存在的风险并形成清单，建立相应的管理体系，有效处理风险并将其控制在可预见的范围内。同时，公司法务也按照公司内部规章制度和合规要求进行管理和审查，以避免给公司带来重大经济损失。

相关案例

雷曼兄弟的风险控制之痛

2008年9月15日，美国著名的华尔街顶级投资银行之一——雷曼兄弟宣布破产，这一事件成为美国次贷危机及国际金融危机的标志性事件。雷曼兄弟曾是美国第四大投资银行，拥有众多知名客户。其迅速衰落的重要原因之一是其法律风险控制失效。雷曼兄弟冒险涉足固定收益产品、金融衍生品等领域，早期在房地产证券化业务上取得的巨大成功使其陷入了盲目自信。随后，雷曼兄弟更加冒险地扩张高风险业务，且在高杠杆下不顾风险继续扩张，完全忽视了这些复杂金融产品背后缺乏担保措施的现实。雷曼兄弟在法律风险控制方面犯下了严重错误，而后来大量暴露的不良资产更加突显了当初雷曼兄弟对法律尽职调查的忽视，其风险管理几乎是无效的，更不用说法务战略的实施了。

（二）为企业决策提供支持

公司的经营战略、竞争策略的制定、研讨与决策需要公司法务全面参与。公司法务对企业经营方向、业务内容等信息的全面掌握，可以促使企业在战略研讨中做出最佳判断，并运用专业手段提高企业竞争力，如采用完善的商业秘密保护条款、加强知识产权专利的管理与诉讼等。商业秘密是企业持续在市场中保持竞争力的壁垒，公司法务通过完善相关规定以避免商业秘密泄露，能够对于侵害公司商业秘密的行为采取相应的法律措施，有效保护公司的关键技术信息或经营信息。公司法务应帮助企业明确智力成果的归属以及后续知识产权证书的维护工作，通过专利诉讼维护企业利益，增强企业竞争力。

（三）维护企业利益

公司法务的工作内容与企业经营业务紧密相关且非常繁杂，公司法务负责公司经营过程中面临的全部法律问题。例如，公司成立之初，公司组织形式的确认、章程的制定、股东会决议等事宜。又如，公司经营过程中，交易合同的起草、审核，内控合规的审查及体系的建立，规章制度的审核及劳动人事关系的咨询，各种诉讼案件的处理，等等。公司法务不仅要具备法律专业能力，还需要具有商业思维，并结合公司业务内容和经营需要，运用商业思维处理公司法律问题。具体而言，公司法务在合同谈判签订前，会对整个业务的前期工作进行了解，做到知己知彼，在合同谈判中尽可能争取最佳条款，通过专业、系统、科学的合同谈判及管理能力，降低交易成本进而间接为公司创造利润。公司法务能为维护公司利益发挥积极作用，应对经营过程中公司面临的不法行为预防、处理等，保护公司的经营成果。

第二节　公司法务核心业务

一、合同审查

对于公司法务而言，合同审查是对已经形成初稿文本的合同内容进行删减、修改或增加内容，帮助业务部门明确合同的商业目的的行为。市场经济背景下，企业本质是通过一系列契约组合而成的交易组织形式，以保障企业利润的实现，因此签订合同的初始目的即实现企业利润增值，合同审查就是在商业目的考量下结合自身法律专业知识促进交易的完成。公司法务进行合同审查应具备法律专业知识，包括合同法律规定、交易流程、合同技能等相关内容。不同行业、不同层级的法务人员具备的知识经验体系不同，因此对于合同的审查意见亦存在差异。公司法务在审查中将待审合同按照业务内容进行区分（如采购合同的业务结构一般为：主体是采购方与供货方，履行方式为采购方向供货方付款，供货方向采购方供货），合同的业务结构与条款部分相照应，包含主体、标的、质量、交付方式、违约责任及争议解决等内容。公司法务通过对合同内容的审查得出审核意见。具体审查方法可以归纳为五个步骤，内容如下。

（一）合同背景调查

公司法务合同审查的第一步是合同背景调查，主要包括对签订目的、合同主体履行能力的调查。对签订目的的调查是指掌握企业在交易中想要达到的预期结果或行为动机。例如，买卖合同中，买方的目的是获得货物，卖方的目的是获得价款，此种情形下双方的交易目的清晰明了，买方应注意货物的质量、运输、交付时间等，卖方则应注意价款的支付方式与时间等。但有时合同的交易目的并非如此明晰，如股权转让协议，表面上看转让方的目的是获得股权相对应的价值，受让方的目的是取得股权，但实际上有时受让方取得股权的目的在于获得土地开发权、取得开发收益等。因此公司法务审查合同时需明确合同的签约目的，熟悉交易背景。明确对方公司是否具备合同履行能力，需要调查对方的公司名称、地址、电话及联系人等基本信息是否与工商登记一致，诉讼情况及诉讼案件是否影响履行能力以及是否具备履行合同的相应资质等。对自身履约能力的调查主要考虑签订合同的意愿以及能力的评估，确保在合同条款中能够与公司的意愿、能力相匹配。

（二）梳理合同架构

梳理合同架构可以从纵横两个角度进行。从横向角度考虑，《民法典》规定由当事人约定合同内容，并列举了常用条款，即当事人的姓名或者名称和住所、标的、数量、质量、价款或者报酬、履行期限、地点和方式、违约责任和解决争议的方法[①]。这8项内容在合同审查中分别对应类似约定。除此之外，根据具体交易需求，还可以补充保密、不可抗力、送达等条款。对合同架构进行梳理，能够提高合同审查的全面性，提升公司法务在审查中的效率，同时还能深化公司法务人员的合同知识与经验体系，对合同关键风险予以识别并重点审查。从纵向角度考虑，合同条款的分布要与交易流程相呼应。合同体现交易内容，公司法务站在己方角度应审查合同是否充分体现交易目的，双方的权利义务是否公平合理。比如在一份房屋租赁合同中，出租方的权利义务主要为确保自己为房屋的权利人、按时交房、保证房屋具备正常使用功能等，承租方的权利义务主要为按时交纳租金、正当使用房屋及附属设施、优先购买权等。

（三）风险条款识别

风险条款识别是对合同中存在履约风险的条款进行进一步的确认。合同履约风险兼具客观性和主观性。针对不同的行业、企业，审查人员对风险的认定可能存在区别，但对于合同关键风险的判断一般具有普遍性，如增加己方履约成本或者造成合同主体预期之外风险的条款，法务人员应予以识别。在一份采购合同中，对于买方而言，成本增加条款是指税收的承担、付款的期限及方式、违约责任等，对于卖方而言，是指货物运输成本、交付期限、质保金以及违约条款等，还包括争议管辖地、送达要求等。可能造成预期之外的风险条款包括：因合同表达不明确、签约时疏漏导致合同履行产生争议；约定在合同签订地人民法院提起诉讼，但合同中未写明合同签订地；等等。公司法务在合同审查中应注重对风险条款的识别与重点关

[①] 《民法典》第470条规定，合同的内容由当事人约定，一般包括下列条款：（1）当事人的姓名或者名称和住所；（2）标的；（3）数量；（4）质量；（5）价款或者报酬；（6）履行期限、地点和方式；（7）违约责任；（8）解决争议的方法。当事人可以参照各类合同的示范文本订立合同。

注，提醒业务部门签约谈判前注意相关问题。

（四）对合同文本予以删除、增加、修改

对合同文本进行删除一般是因为该合同内容违反了法律规定，或者文本本身存在重复、矛盾、不具有可行性等情形。例如，在劳动合同中约定当事人自愿放弃缴纳社会保险，但缴纳社会保险是法律明确规定的企业应承担的义务，即便是劳动者自愿放弃该义务也不能免除，因此审查时应删除。再如，合同约定若发生争议，当事人可以选择在法院起诉或者提起仲裁，鉴于"或诉或裁"的约定无效，可建议删除或修改。增加是指公司法务人员进行审核时对合同文本中存在遗漏的部分予以补充，如在采购合同中，双方未约定发票类型，因不同发票类型可能影响采购结果，建议明确。再如，建设施工合同的履行需要资质，为避免资质等级与施工体量不匹配导致合同的效力减弱，在合同中应明确合同主体的资质等级。修改是合同审查中最为常见的方式，即对合同的内容进一步明确。有时合同中一些约定条款的表述不利于己方，此时公司法务应进行修改，减轻交易成本。例如，合同中"甲方未付款时乙方有权主张违约金"的约定，可以表述为"甲方无正当理由未付款时，经乙方书面催告后仍未付款可以主张违约金"。

（五）审查结果评估

对审查结果的评估，亦是对合同履行程度、履行结果等进行预估。合同审查的目的在于促进交易的实现，但公司法务需评估如果合同未能履行而发生争议时，公司胜诉的可能性，合同中的商业条款、法律条款和程序条款能否支持公司挽回商业利益等。例如，如果经过评估发现关于损失的赔付较为笼统，后期可能无法证明具体损失金额时，即可以对合同违约金条款的设置进行明确，不断完善合同审查意见，实现合同签订的目的。

相关案例

中兴公司的合同风险控制

中兴公司非常重视国际贸易中的合同风险控制体系建设。首先，中兴公司花了几年时间，起草和修订了公司所需的整套商业合同模板，并且根据各个国家不同的语言、政策和法律，起草了英俄、英法、英西等小语种双语合同模板，建立起庞大的合同模板库；其次，公司组织各个部门，总结经验，制定了各种重要合同条款使用指引，供平时学习和谈判使用；再次，公司研究跨国公司客户的合同模板，制定客户合同条款使用指导意见，对客户的合同条款进行分级决策。此外，在程序方面，中兴公司以公司制度的形式规定了合同审查和管理制度，比如，没有公司律师审核通过的文件不得签字用印，增加了公司合同模板使用率；对不遵守合同管理制度的单位和个人进行惩罚和追责，以保证该制度的贯彻执行；对于公司因合同引起的纠纷和诉讼，公司会组织相关部门进行审计和整改，保证此类问题在以后的合同中不会出现。中兴公司通过全方位的合同风险控制，有效地控制了跨国经营的巨大风险，成为在合同风险管控方面的典范。

二、诉讼事务管理

对于律师而言，具体案情背景的了解、诉讼策略的制定、相关证据的收集以及庭审参与是其对诉讼案件关注的主要内容。但对于公司法务而言，除上述内容外，更应当考虑企业管理是否存在经营危机与风险。因此，公司法务管理诉讼事务主要负责对于诉讼案件基本策略的制定、诉讼流程的把握以及诉讼方式的管理工作。

（一）诉讼目标管理

当诉讼案件发生时，公司法务应优先关注案件发生的原因，这与公司对案件结果的预期目标紧密联系。合同之诉是指因合同纠纷而发生的诉讼，当合同的一方或双方未能履行合同中规定的义务或发生其他纠纷时，另一方可以向法院提起诉讼，请求法院根据合同条款或法律规定作出裁决。合同之诉通常涉及合同的解释、履行、修改或解除等问题，其目的是通过法律手段解决双方在合同履行过程中出现的争议。侵权之诉是指因他人侵犯了自身合法权益而引起的法律诉讼。在法律上，侵权是指一个人违反法律规定或侵犯他人权利而给他人造成了损害，包括各种形式的侵权行为，如侵犯知识产权、侵犯个人隐私、诽谤、侵犯名誉等。当一个人认为自己的合法权益受到侵害时，可以向法院提起侵权之诉，请求法院对侵权行为作出裁决，并给予相应的赔偿或其他救济措施。侵权之诉的目的是通过法律手段维护个人或组织的合法权益，维护社会秩序和公平正义。

公司法务基于诉讼原因对诉讼案件制定预期目标，预期目标的核心为避免企业利益受损。若企业主动提起诉讼维护自己权利，具体目标的设置主要包括以下几种：第一，要求对方履行或解除合同，并根据企业的实际损失及合同要求对方赔偿违约金；第二，若是侵权之诉，应要求对方停止侵权行为并可以主张对方公开道歉、支付违约金等，从而达到弥补企业利益及名誉损失等目标；第三，保证公司经营秩序，因诉讼程序较为复杂且时间漫长，可以采取诉前保全等程序保证公司权益，维护企业的正常经营秩序；第四，目标设定符合公平正义原则。若企业被动应诉，诉讼目标的设置应与上述内容相对应。

预期目标明确后，公司法务应考虑诉讼策略的制定，预期目标是确认诉讼策略的基础，但还有其他影响诉讼策略制定的关键因素，法律层面的因素如请求权基础、管辖法院、诉讼成本等，诉讼程序层面的因素如财产保全、司法鉴定、调查令、反诉等。诉讼策略可能随时需要调整，公司法务需要随时跟进案件的进展及后续方向的把控，确保预期目标的实现。

（二）诉讼流程管理

诉讼流程是企业管理诉讼事务的必要程序，若发生纠纷，企业可以根据诉讼流程有序应对。

（1）对诉讼请求的确认。确认诉讼请求时主要考虑预期目标、案件事实与法律关系等因素，且应具有可行性。例如，在股权转让纠纷中，请求变更股权登记的表述不能仅表达为"被告配合原告变更股权"，而应具体地表述为"判令被告配合原告在工商部门办理股权变更登记手续，将股权登记在原告名下"，这样既便于法官明了公司的起诉意图，也方便判决的执行。

（2）诉讼请求权基础的确认。请求权基础包括合同请求权、物权请求权、不当得利请求权、侵权请求权等，不同请求权的后果存在差异，若请求权产生竞合，公司法务在起诉前应结合案件事实与预期目标等因素，合理确认请求权基础。

（3）诉讼文书的草拟。根据人民法院要求的文书格式撰写诉讼文书，写明诉讼请求、事实以及法律依据，言语表达精练、准确，尽量避免感情抒发，呈现出公司有理有据的形象。

（4）案件证据的准备。证据的准备应确立一条逻辑主线，如按照时间顺序或交易逻辑进行整理，内容围绕证明对象和目的，必要时可以准备对应的证据清单，方便法官审理。公司法务准备己方证据的同时可以设想对方会提供什么证据，通过模拟质证环节补足证据。

（5）庭审阶段的应对。有些诉讼案件需要公司法务参与甚至主导庭审过程。庭审之前，公司法务需要熟悉庭审的程序以及发言大纲，大纲应主要包括案件的事实部分、法律依据等要点内容，根据庭审状况，公司法务可以在庭后提交代理词进一步阐述己方主张。

（三）诉讼方式管理

对于企业而言，无论是主动起诉或被动应诉都会产生成本，应尽量避免通过诉讼的方式解决企业问题，公司法务可以通过对诉讼事务的管理避免企业遭受损失，为企业争取商业利益的最大化。首先，公司法务可以与业务部门协商，了解问题产生的原因并探讨和解的方案，向公司提供多种非诉解决路径；其次，公司法务应根据诉讼案件形成相关报告，对案件形成的原因、处理过程及案件结果进行分析，提出公司各部门可能存在的诉讼风险以及改进措施；最后，公司法务应通过市场调研及实际观察，建立公司律师库，如遇到重大诉讼案件时可以采取招标等方式，选择与公司目标最为匹配的律师，共同配合从而实现公司的诉讼目标。

三、合规事务管理

合规管理体系是企业依法经营、有效防控企业风险的保障，也是公司法务的工作中心。企业的经营需要遵守法律法规、行为准则、规章制度和其他协议，但合规管理体系的建立应与公司整体经营管理体系相融合，加强企业合规与业务之间的联系。有效的合规管理体系需要在企业经营环境下，全面考虑合法合规，有效防范企业风险。建立有效的合规管理体系应考虑以下三个方面的内容。

（一）识别与预估合规风险

合规管理要求企业遵守经营过程中涉及的全部义务。合规义务不仅包括法律强制性规定，也包括企业的规章制度、对外约定的相关协议以及行业准则。例如，2023年，抖音电商、快手、小红书、京东、百度5家企业联合签署《网络直播和短视频营销平台自律公约》，促进直播和短视频营销业态健康发展，引导网络市场营销活动更加规范。签署主体应遵守公约内容，平台经营者和直播运营者不得通过网络直播、短视频营销法律法规规定禁止生产销售、禁止网络交易、禁止商业推销宣传的商品或服务。

公司法务应联合业务部门对企业经营中涉及的合规义务进行罗列并制定合规义务清单，对风险内容、产生的原因、发生的影响进行分析，分析标准可以根据企业管理的习惯设定。公司法务提供合规风险评估报告，进一步明确应对风险的处置措施及改进建议等内容。

（二）构建合规管理体系

企业合规管理体系是一套完整、成熟的组织架构，主要包括人力、制度和反馈机制。人力主要指合规管理体系的组织结构。合规管理涉及企业经营的各个业务，属于企业重大管理工作内容，因此合规管理体系的最高领导组织即公司的领导层，从企业经营战略决策方面管理合规事务。公司法务部门主要负责合规事务，负责制定合规计划并督促执行。合规管理涉及企业的各个部门，因此需要法务部门协调各部门之间的资源调配与人员配合，确保合规管理的有效性。制度指制定公司合规管理制度，通过书面形式明确各部门及员工的合规职责、行为规范、合规程序和违反制度的规定。合规管理制度应在了解公司业务内容及发展方向的基础上，与企业经营相融合并具有一定前瞻性，避免合规管理制度与公司日常经营相背离。反馈机制即对合规管理制度中滞后于经济发展部分加以改进，同时需要组织员工学习新规章、新知识，使其明确合规管理的概念、意义及具体实施流程，协助员工进行合规管理培训，提高员工对合规管理内容的掌握程度，此外，若存在违反合规管理制度的情形应有相应措施，促使合规管理内容与企业整体经营相融合。

（三）营造企业合规管理文化的氛围

企业经营文化是企业凝聚力的体现，是企业经营的行为准则，是企业软实力。企业合规文化在企业未来经营发展中会产生广泛影响力，促进企业经营的可持续性。合规文化的建立需要得到企业领导的支持，员工的认可。企业合规文化要求在公司内部推行一套具有认同感的共同行为规约，形成一致的价值观。通过公司管理层主动遵守企业合规要求，形成示范作用，带动和影响员工行为。同时，应注重企业合规事务的培训，各部门之间保证畅通的沟通渠道，确保合规观念深入企业内部，真正扎根于企业发展之中。

相关案例

> **宝马集团的合规委员会**
>
> 宝马集团要求全体员工遵守相关的法律和企业规范。为系统应对合规风险和声誉风险，宝马集团管理委员会设立了一个合规委员会，创建了集团内部的全球合规管理体系。2016年，为了强化本土的合规管理，集团在69个子公司下设立了合规团队。集团合规委员会由若干部门组成：法律事务部、公司和政府事务部、内部审计部、集团报告部、组织发展和集团人力资源部。合规委员会定期向管理委员会报告所有与合规相关的事务，当发生重要事件时，管理委员会能够及时获知。同时，合规委员会主席向审计委员会报告集团合规活动的状况。

第三节　创业与知识产权

一、创业与知识产权管理

（一）创业涉及的知识产权法律风险

知识产权（intellectual property）是对人们智力成果的法律保护，最主要的三种知识产权是著作权、专利权和商标权。《民法典》规定，知识产权是权利人依法就下列客体享有的专有权利：作品；发明、实用新型、外观设计；商标；地理标志；商业秘密；集成电路布图设计；植物新品种；法律规定的其他客体。设立知识产权制度的目的是鼓励创新和创造，确保创作者和发明家能够从自己的劳动成果中获得合理的回报，从而促进社会的进步和发展。大学生在创业过程中应避免涉及以下知识产权法律风险。

（1）创业过程中侵犯他人知识产权。由于创业者未接受充分、专业的知识产权相关素养教育培训，所以在创业过程中容易忽视知识产权，无意识地侵犯他人的知识产权。如在未获得授权的情况下，利用他人的专利技术进行生产加工，从而给企业带来了侵权风险。知识产权是企业发展的竞争力，是企业的无形资产。大学生在创业过程中应尊重知识产权，有效识别可能侵犯他人知识产权的行为，避免侵权风险。

（2）创业过程中自身知识产权未得到有效保护。创业过程中还可能出现未及时申报知识产权、缺少资金申请专利或先行公开发表自己的创新成果，被其他主体抢先注册专利、商标等权利或对研发成果进行模仿，给企业造成损失等情形。例如，某奶茶品牌因未充分了解商标注册细则，在商标未审议通过前即被其他企业模仿抢占市场，随后为了打击山寨店铺，花费巨额资金维权，同时市场上其他新兴茶饮品牌大量涌现，使该品牌错失发展良机而退出大众视野。

（二）知识产权对创业的重要性

2012年，党的十八大提出，"实施创新驱动发展战略"，"坚持走中国特色自主创新道路"。2022年，党的二十大再次提出"加快实施创新驱动发展战略"，充分表明国家对于促进经济高质量、高水平的发展，对科技创新驱动发展的重视。大学生作为创新创业的新兴力量，具备一定程度的知识产权专业素养，应当更加重视对知识产权的保护，提高创新创业的层次与广泛度。

知识产权保护能够激励大学生创业。2014年，我国开始实行公司注册资本制度，公司股东可以在章程中约定出资数额、出资时间和出资方式，其中知识产权可以作为股东的出资方式。大学生可以将自己持有的知识产权作为公司的注册资本，吸引其他优质合作者，从而激发大学生创新创业的信心。拥有自主知识产权，能够提高初创企业的竞争力。对知识产权的合理运用可以提高企业的营收能力。由于知识产权具有流通性，创业者可以通过对知识产权的质押获得融资，或通过转让、授权、交叉许可等方式获利，拓宽企业获取利润的渠道。

二、创业与专利权

大学生创业中，应着重关注专利权的以下方面。

（一）专利与专利权

专利权是指发明创造者向国家专利行政部门提出申请，经依法审查通过后向发明创造者授予其一定期限内对此项发明创造的专有权利。拥有专利权的发明创造者具备法律意义上的垄断专有权和独占排他性，其他主体运用此项发明创造必须得到专利权人的授权及许可。我国将专利分为发明、实用新型、外观设计三种类型。

我国《专利法》将发明定义为对产品、方法或者其改进所提出的新的技术方案。产品是指能够通过工业技术制造出具有一定形状、结构的各种物品。方法是指对各种材料加工后制造出产品的办法。实用新型指产品的形状、构造或其结合所提出的适于实用的新的技术方案。实用新型同发明一样是一种技术方案，但与发明相较，实用新型局限于某种产品，且是具有一定结构或形状的固体物质，不包括方法及其他形态。由于实用新型申请审批手续较为简单，且费用较低，多适用于优化、简易的技术发明，如家用电器、生活用品等。外观设计指对产品的整体或者局部的形状、图案、色彩或者其结合作出的富有美感并适于工业应用的新设计。

发明和实用新型应满足新颖性、创造性和实用性三个条件。我国《专利法》规定，新颖性是指拟申请的专利不属于现有技术且不存在抵触申请。现有技术是指在权利人申请专利之前即为公众所知悉的技术，如屠呦呦团队研发的青蒿素由于在申请之前已公开发表论文，导致无法获得专利权。抵触申请者其他主体在权利人申请专利前已经向国家专利行政相关部门提出申请，并且被记载于公开专利申请文件中。创造性是相较于现有技术，具有突破性进展或突出的差异性特征。其判断一般是找到最相似的现有技术加以对照，判断是否存在明显差异并确定差异性特征是否能够解决现实问题。实用性是指发明或实用新型能够进行工业生产或实际使用，具备实际操作性，专利能够被重复稳定地复制。

（二）专利权利用

专利权利用是指当事人基于现行法律规定或约定，通过行使专利权实现经济价值或特定社会价值的行为。专利权利用的方式可分为三种：转让、许可、质押。

（1）转让专利权。专利权人通过买卖、赠与、以专利权方式出资入股或继承等方式，经过登记、公告等程序后完成转让。

（2）专利权许可。专利权人允许他人在限定范围内使用权利并向其支付相应费用。专利实施许可不仅可以获取经济利益，还可以有效推广专利的运用。专利实施许可包括独占实施许可、排他实施许可和普通实施许可三种类型。独占实施许可是指许可范围内只有被许可人可以使用专利权，包括专利权人在内均不允许在协议约定的范围使用专利权，具有一定垄断优势。排他实施许可指在许可约定范围内，被许可人和专利权人可以行使专利权。除专利权人外，能排除其他主体在约定范围内对专利权的使用。普通实施许可是指专利权人在行使自己权利的同时，还可以许可其他一人或多人共同行使专利权。

（3）专利权质押。《民法典》明确规定，专利权人可以将自己的专利权出质，除出质人与质权人协商一致外，出质人不可以对专利权再行转让。

企业可以根据自己的实际需求及权利状况对专利权进行合理利用，不仅可以提高专利的经济价值，还可以为企业发展提供多种融资手段，推进技术的发展和进步。

（三）专利侵权行为

专利侵权行为按照专利类型的不同而有所区分。发明和实用新型专利权被授予后，未经专利权人许可，任何单位或个人都不得以生产经营为目的制造、使用、许诺销售、销售、进口专利产品，或者使用专利以及使用、许诺销售、销售、进口依照该专利方法直接获得的产品。外观设计专利权被授予后，任何单位或者个人未经专利权人许可，不得实施其专利，即不得为生产经营的目的制造、许诺销售、销售、进口其外观设计专利产品。专利侵权行为的判定依据以下原则：

（1）全面覆盖原则。审查被控侵权行为或侵权产品的技术特征，如与专利权的技术要求所具备的特征全部对应且相同时，被控侵权行为及侵权产品属于侵害专利权。

（2）等同原则。被控侵权行为或侵权产品形式上可能部分技术特征与专利权存在不同，但经过与对专利权的技术要求比对后，实际功能或使用效果基本相同的，属于侵害专利权。

（3）禁止反悔原则。禁止反悔原则是指专利取得程序中，专利权人自主选择对专利技术要求、权利报告进行限缩或放弃部分保护范围，在确认被控侵权产品或侵权行为是否满足侵权构成要件时，专利权人不得将已限缩或放弃的内容再行纳入专利保护范围之内。

三、创业与商标权

大学生创业中，应着重关注商标权的以下方面。

（一）商标的概念、功能与分类

商标是权利人为将自己提供的商品或服务与他人提供的类似商品或服务相区分，运用文字、图案、颜色等方式形成的标识。我国《商标法》规定，任何能够将自然人、法人或者其他组织的商品与他人的商品区别开的标志，包括文字、图形、字母、数字、三维标志、颜色组合和声音等，以及上述要素的组合，均可以作为商标申请注册。因此，商标的实际作用是与其他类似商品或服务相区别，代表了企业提供的商品或服务的整体形象。商标一般具有以下三方面的功能。

（1）区别来源功能。商标能够帮助公众识别不同商品或服务的提供者，并为公众所知悉，从而使企业的商品或服务特定化，即商标既可以区别不同的商品或服务，也可以向公众指明特定商品或服务的提供者。具有区别来源功能，才能够注册为商标。

（2）质量保障功能。商标具有企业向公众保障所购买商品或服务具有同等质量的作用，即不同的消费者购买或重复购买某商标的商品或服务可以获得同等的质量。例如，人们购买鄂尔多斯羊绒衫，是信任其羊绒制品的质量、品牌声誉。企业即使并非直接的生产者，也应保证该企业生产的商品或服务质量与商标形象一致。

（3）广告宣传功能。通过对商标附加宣传信息，可以将某商标的商品或服务与其宣传内容联系起来，因此企业在广告中会重点突出商标位置，使公众相信商标与广告宣传内容一致。钻石品牌戴比尔斯的广告语"钻石恒久远，一颗永流传"，将钻石与爱情相联系，升华了爱情的地位并凸显出钻石的价值，使其成为消费者的首选对象。

经商标局核准注册的商标共四种，分别为商品商标、服务商标、集体商标、证明商标。根据商标区分对象是商品经营者还是服务经营者，可以将商标分为商品商标和服务商标。商品商标根据商品的不同又可区分为制造商标和销售商标。根据商标权人的身份和商标所起到的作用，商标又可分为普通商标、集体商标和证明商标。普通商标是指普通经营者可以自行注册的商标，其主要作用在于识别商品或服务的提供者。集体商标是指以团体、协会或者其他组织名义注册，供该组织成员在商事活动中使用，以表明使用者在该组织中的成员资格标志。例如，潼关肉夹馍、绍兴黄酒、镇江香醋等都是集体商标。根据《商标法》的规定，证明商标指由组织通过监督管理等方式对相关商品或者服务形成控制力，该组织之外的主体利用相关商品或服务时能够证明其来源地、原材料、制作工艺、质量等具有特殊性质的标识，如绿色食品、真皮、纯羊毛等标志。只有具备证明商标生产经营条件的企业，经申请并通过审查后才可以使用证明商标。

（二）商标注册申请与审查

提供商品或服务的企业如果需要获得商标，应当积极申请商标注册，经审查批准后取得注册商标权。注册商标的基本程序如下：

（1）注册商标前应先进行近似商标查询，申请注册的商标应具有显著性，即社会公众在看到某标志时能明显区分其他商业主体，具有区别来源的功能。

（2）我国《商标法》规定，自然人、法人或者非法人组织在生产经营活动中，对商品或者服务需要取得商标专用权的可以申请注册商标。由于商标需要产生于生产经营活动中，因此自然人申请注册商标的范围限定在个体工商户等依法开展生产经营活动的自然人主体之中。

（3）商标注册申请应遵循在先申请原则。在先申请原则是指当两个或两个以上的同种或类似商品或服务的提供者申请相同或近似商标时，由先提出注册商标申请的主体获得注册商标，即申请的时间顺序是获取注册商标的依据。

（4）申请人填报注册商标申请文件时应写明申请注册商标的类型。目前我国参照《有关商标注册用商品和服务国际分类的尼斯协定》，将注册商标按照功能、性质、制造工艺等分为45类，申请人可以在一份申请书中就多个类别申请注册同一商标。申请人除需填报商标注册申请书与商标图样外，还需准备申请人的身份证明文件。

（5）商标审查。申请人向国家知识产权局商标局递交申请文件后，相关部门先对申请商标进行形式审查，即审查申请文件是否符合资格、是否齐备等。如申请人未通过形式审查，国家知识产权局商标局会要求申请人补正。通过形式审查后，国家知识产权局商标局向申请人发送受理通知书，正式受理注册商标申请并进入实质审查阶段。实质审查指国家知识产权局商标局对申请的注册商标是否存在法律禁止注册情形、是否与他人在先申请商标存在近似或相同情形，以及申请人的注册目的等审查。

（6）通过审查后，符合《商标法》及相关法律规定的，国家知识产权局商标局允许对所申请的商标予以注册，并在"商标公告"中发布初步审定及公告。如在3个月内没有人提出异议或经对异议审查后核准注册的，对申请商标核准注册并发布公告。

（三）商标侵权认定及法律责任

商标侵权是指未经授权使用他人注册商标或与他人商标近似的标识，从而造成消费者混淆，或者其他干涉、妨碍商标权人使用其注册商标，损害商标权人合法权益的行为。商标是用以区别商品或服务来源的标识，具有独特性和识别性，因此商标侵权属于知识产权侵权的一种。商标侵权行为属于民事侵权行为，但相较民事侵权责任认定，商标侵权行为具有一定特殊性。我国《商标法》将商标侵权行为归为7类。实践中普遍存在的商标侵权行为主要有以下四个构成要件。

（1）未经商标权人同意。商标许可主要包括独占许可、排他许可和普通许可，许可范围之外的主体不得未经允许擅自使用商标。

（2）在同种或类似商品或服务上使用相同或近似商标。未经许可，使用人在功能、销售等方面具有联系的商品或服务上，使用足以吸引公众注意力的相同或近似的商标。

（3）用作商标使用。是指将商标用于对侵权商品或服务的识别、广告宣传等，应结合使用人是否申请注册商标流程、是否进行改变以及使用人所处的行业习惯等综合判定，如具有区别商品或服务来源的功能，即属于商标性使用。

（4）混淆的程度。混淆的判定主要分为两种，一种为公众对于商品或服务的提供者产生错误性认知；另一种则为认为商品或服务的提供者与商标权人之间存在关联、合作等紧密联系。对于混淆的认定不一定要求公众已经形成了混淆的认识，而是考量对于商标的使用是否存在令公众混淆的可能性。一般情况下，司法实践中对于混淆的认定，应结合使用人对商标的使用程度、公众对争议商标使用关联度的确认，以及市场对争议商标的认可程度等进行综合判定。

商标侵权行为的法律后果不仅包括民事责任，还包括行政责任、刑事责任。民事责任即侵权责任，包括停止侵害、赔偿损失、消除危险等。行政责任的法律后果主要表现为罚款、没收、责令停止销售等。刑事责任如构成侵犯注册商标罪、非法经营罪等。初创企业应避免出现商标侵权行为。

四、创业与著作权

大学生创业中，应着重关注著作权的以下方面。

（一）著作权的概念、主体、客体

著作权，又称版权，是指自然人、法人等民事主体依法对作品及相关客体享有的人身权与财产权的总称。财产权利包括作品使用权及获得报酬权；人身权利指著作权人的发表权、署名权、修改权等。狭义的著作权仅指民事主体依法对文学、艺术作品享有的权利；广义的著作权除前述内容之外，还包括其他与著作权相关的权利，即邻接权。邻接权是在作品传播过程相关的权利，包括表演者权、出版设计者权、广播制作者权、录音录像制作者权等。著作权的主体是享有著作权利的民事主体，包括自然人、法人、非法人组织。著作权的主体依照不同的标准有以下分类：

（1）按照民事主体身份进行划分，著作权的主体可以是自然人、法人及非法人组织。自然人是著作权人的主要形态，无论自然人是否具有完全民事行为能力，都可以成为著作权的主体。例如，听障患者可以对自己创作的文字作品享有著作权。我国《著作权法》也将法人、非法人组织列为著作权的主体，能够享有著作权利，对作品进行诠释并表达其意志，与该作品相关的责任与后果均由法人或非法人组织独立承担。由于法人作品往往经过集体的反复讨论与斟酌，体现的是法人意志，而非某一自然人主体的思想，因此能够享有著作权。

（2）按照著作权的取得方式划分，著作权的主体包括原始取得著作权主体和继受取得著作权主体。原始取得著作权主体是指作品创作完成之时即能够取得著作权的主体，即作品的作者。作者之外的主体基于合法协议或法律特别规定，如特殊职务作品，也能够成为原始取得著作权主体。继受取得著作权主体是指通过继承、受赠、受让及其他法律规定的方式取得著作权的主体，与原始取得著作权主体相比，继受取得著作权主体只能享有著作权财产权利，人身权利因具有专属性质不能予以继承、受赠及受让等。关于著作权的取得我国目前采取自动取得原则，即作者完成对符合法律意义上作品的创造之后，自动取得该作品的著作权。作者可以申请登记著作权，经国家知识产权局对作品进行形式审查后，完成登记，著作权登记并非取得著作权的必要程序。

著作权的客体因概念不同存在差异。狭义著作权的客体是指民事主体通过对文字、图案、声音等方式进行创作，承载作者的思想与情感，所形成的具有独创性的作品。我国《著作权法》将作品定义为文学、艺术和科学领域内具有独创性并能以一定形式表现的智力成果，具体包括以下9种类型：文字作品；口述作品；音乐、戏剧、曲艺、舞蹈、杂技艺术作品；美术、建筑作品；摄影作品；视听作品；工程设计图、产品设计图、地图、示意图等图形作品和模型作品；计算机软件；符合作品特征的其他智力成果。著作权的客体必须具有独创性。独创性的"独"指独立，即作品由作者本人独立完成，而非指作品具有独一无二的性质；"创"要求作者利用自己的智慧成果创造出作品，体现出自己创造活动具有的独特价值。只有同时满足"独"和"创"这两个标准才能成为著作权的客体。作品除需具有独创性之外，还需要有承载作者劳动成果的物质载体。无形的思想或未以具体的形式向外界表达出来的思想无法成为著作权的客体，因其不属于法律意义上的作品而不受保护。除思想外，我国《著作权法》明确规定，以下内容，不属于著作权法保护范围：法律法规，国家机关的决议、决定、命令和其他具有立法、行政、司法性质的文件，及其官方正式译文；单纯事实消息；历法、通用数表、通用表格和公式。

（二）著作权的内容

著作权的内容是作者对自己创造作品享有的人身权利与财产权利的总和。著作权赋予作者控制其作品的复制、发行、展示、表演以及制作衍生作品的权利。未经著作权人的许可，他人不得擅自复制、传播或利用受著作权保护的作品。

著作权的人身权利是基于作品中具有作者独特人格与精神而享有的专有权利，主要包括以下4种：

（1）发表权。作者有权决定是否将自己创造的作品向社会公众公开。作者可以通过口述、演出、展示、广播等方式向不特定人公开展示其作品，发表权不以不特定公众是否知晓为判断标准，只要公众能够在公开渠道知悉即可。发表权只能行使一次，除法律另有规定外，只能由作者本人行使该权利。

（2）署名权。作者有权决定在作品上是否署名、何时署名以及通过何种形式来署名。作者可以按照自己意志行使署名权，同时有权禁止他人在自己作品上署名，如抄袭他人作品即侵犯了作者的署名权。署名权的行使需结合商业习惯合理使用，基于作品使用方式的特性可以不指明作者。例如，公众场合播放的音乐无法将作者一一公布，散文合集的封面也可能不会将所有的作者名字一一列出。

（3）修改权。作者有权对自己作品或者合法授权他人对自己作品进行修改的权利。修改权指作者对作品的文字表述、内容部分进行修改，修改后仍然保留作品的基本内涵。如对作品进行大幅修改或经修改后作品呈现出新的表达和内涵，则属于著作权财产权利中的改编权。

（4）保护作品完整权。该权利保证作品不受他人篡改、内容不被歪曲，确保作品的内容是作者真实意思的表达。保护作品完整权是对作者创作的尊重，有效防止公众对作品产生错误认识，使作者想要向公众传达的内容完整展现。

著作权的财产权利是作品权利人能够依靠作品获得相应报酬的经济权利，目前我国《著作权法》关于财产权的规定主要包含以下权利：

（1）复制权。我国《著作权法》对于复制权主要列举了印刷、复印、拓印、录音、录像、翻录、翻拍等权利。在数字化时代，复制方法也在不断更新，如利用计算机向公众发送作品、将作品上传至互联网等形式都符合复制权的行为要件。复制行为在满足作品被载于物质载体、复制行为具有固定性和长期性、作品数量增加3个条件下，构成法律意义上的复制权。

（2）发行权。著作权人具有向不特定公众提供原始作品或复制作品的权利。发行权的行使需满足公开的主体为不特定公众、具有有形的物质载体两个要件。另外需注意，发行权并非无限次使用的权利，著作权人将自己作品的原件或复制件以合法形式出售或赠与后，著作权人无法再次控制该作品原件或复制件的移转，即"发行权用尽原则"，这在保护著作权人权利的同时，有效促进了商品在市场中的流通。

（3）出租权。出租权是指有偿许可他人临时使用视听作品、计算机软件的原件或者复制件的权利，计算机软件不是出租的主要标的的除外。与发行权相类似，出租权亦需要移转自己对作品载体的所有权，我国《著作权法》将出租权的适用范围限定在视听作品、计算机软件之内。

（4）传播权。传播权是指作者未转移作品的所有权，通过展览、表演、放映、广播及信息网络传播的方式向不特定公众传播自己的作品。我国《著作权法》将传播权细分为5种权利，即展览权、表演权、放映权、广播权和信息网络传播权。展览权的权利范围限定在美术作品与摄影作品之内，只有美术作品与摄影作品的著作权人享有展览权。基于展览权特殊的权利范围，美术作品和摄影作品的展览权由原件所有人享有。表演权指公开表演作品，以及用各种手段公开播送作品表演的权利，包括现场表演和通过机械设备录制演员的表演并播放给公众两种方式。放映权，即通过技术设备对公开发行的美术、摄影、视听作品等进行再现的权利，如电影院放映电影的行为即受控于电影著作权人享有的放映权。广播权，即以有线或者无线方式公开传播或者转播作品，以及通过扩音器或者其他传送符号、声音、图像的类似工具向公众传播广播作品的权利，但不包括信息网络传播权。信息网络传播权，即以有线或无线方式向公众提供，使公众可以在其选定的时间和地点获得作品的权利。

（5）演绎权。演绎权是演绎者在原作品基础上再次进行独立创作，既保留能够使公众与作品相联系的因素，又增添具有独创性的内容，从而形成演绎作品。演绎权包括摄制权、改编权、翻译权和汇编权。摄制权即以摄制视听作品的方法将作品固定在载体上的权利，如将一部小说拍摄为电影、电视剧等视听作品的行为。改编权，即改变作品，创作出具有独创性的新作品的权利，如歌手对音乐作品的改编、编剧将小说改编为剧本等。翻译权，即将作品从一种语言文字转换成另一种语言文字的权利，翻译作品也符合著作权的基本要求，具有独创性且能够产生新的经济价值。汇编权，即将作品或者作品的片段通过选择或者编排，汇集成新作品的权利。汇编作品的认定基于对作品或作品片段的选择、编排方面具有独创性、能够表现出作者的新颖观点三个方面。

（三）著作权的侵权行为与法律责任

著作权的侵权行为是指行为人未经过著作权人同意，且不具有法律法规规定的情形，利用著作权人的作品，或实施的行为在著作权人专有权利控制范围内，包括单独侵权行为与共同侵权行为。单独侵权行为即行为人未经著作权人许可，单独实施侵犯著作权的行为；共同侵权行为指多个侵权人基于主观过错，共同实施侵犯著作权的行为。

司法实践中通常采取"接触+实质性形似"原则判断著作权侵权行为。首先，判断行为人是否有接触争议作品的可能性，按照作品是否已向不特定公众发表为判断依据，若诉争作品在侵权行为发生时未在公众领域发布，一般即可认为行为人不具有接触的可能性，如果侵权行为发生之时原作品已向不特定公众发布或有理由相信行为人能够通过其他渠道接触到原作品的，可以认定为行为人具有接触原作品的可能性。其次，将争议作品与原作品的内容进行比对，结合争议作品是否具有独创性的判断标准，如能够合理排除争议作品存在独立创造的可能性，且经对比后两作品之间存在高度相似性，争议作品与原作品的表达手法、风格特点、内容观点等方面存在一致性，可以认为争议作品与原作品之间存在实质相似性。最后，结合作者以往风格、创作能力要素，以及两作品之间超出正常逻辑范围的相似之处等要素，也能够得出是否存在接触与实质性形似的结论。

侵犯著作权的法律责任包括民事责任、行政责任与刑事责任三种。如存在侵犯著作权的行为，行为人可以通过赔偿损失、赔礼道歉、停止侵害等方式承担民事责任。如侵犯著作权的行为同时损害了公共利益，相关主管部门有权责令侵权人停止侵害行为，予以警告、罚款等。如存在违法所得，违法经营额5万元以上的，可以并处违法经营额1倍以上5倍以下的罚款；没有违法经营额、违法经营额难以计算或者不足5万元的，可以并处25万元以下的罚款；构成犯罪的，依法追究刑事责任。侵权人因侵犯著作权的行为而承担刑事责任或行政责任的，并不影响其承担民事赔偿责任。

 拓展启示

做遵纪守法的创业人

作为青年创业者，遵纪守法是维护社会秩序、促进企业健康发展的基本准则。遵纪守法不仅是一种法律责任，更是对社会道德的坚守和对企业长期发展的负责态度。应当时刻牢记法律法规，诚实守信，严格遵守各项规章制度，以规范的行为展现企业的社会责任。应当注重企业的内部管理，建立健全的制度和规范，保证员工的权益得到尊重，避免涉及腐败、欺诈等违法行为。同时，应当尊重市场规则，公平竞争，杜绝通过不正当手段获取利益，坚决抵制商业欺诈和不正当竞争行为。在商业活动中，要诚实守信，尊重消费者权益，积极履行企业的社会责任，为社会创造更多的价值。只有在遵纪守法的前提下，创业者才能建立起信任和声誉，实现自身价值与企业长远发展的和谐统一。

第九章

创业计划书与项目路演

 案例导读

"一键成模——数字世界模型基建轻量供应商"项目

　　天津大学的"一键成模——数字世界模型基建轻量供应商"项目获得了中国国际大学生创新大赛（2023）金奖。该项目利用三维重建技术，面向数字世界相关领域，如游戏影视、摄影基地、文物保护等，为其提供更轻便高效的数字模型生成解决方案，并期冀未来能为 AR 眼镜定义的新一代数字世界应用生态提供轻量化的模型基建生成方案。团队产品目前与好传动画、北洋数字艺术工作室、天津凯趣科技有限公司等初步达成数字模型生成方案的初步合作意向。

　　项目主要为企业客户提供手机摄像头 60s 快速生成全彩高保真的三维模型的解决方案，包括刚性 3D 物体道具或非刚性 3D 物体（如人像、布老虎）等实例的快速生成，非刚性物体的骨骼绑定与驱动等，可以为影视动画、游戏建模等领域提供更低成本、更高效率的内容生产支持。未来，团队将完善拓展单张图片生成 3D 模型技术，结合文生图平台，为模型设计师提供更便捷、更高效的单张图片生成 3D 模型方案，推动 3D 建模行业设计的全新范式，为下一代数字世界的底层内容生态构建提供简单快速的生成方案。

第一节　创业计划书的内容

一、创业计划书的概念

创业计划书，也称为商业计划书（Business Plan），是一份详细描述新企业或现有企业未来发展方向、运营策略、市场分析、财务预测和管理团队等关键信息的文档。它是创业者在启动新项目或者寻求外部投资时的重要工具，用于向潜在投资者、合作伙伴、员工或其他利益相关者展示企业的价值和潜力。

创业计划书是创业者与投资者沟通的桥梁，不仅能够帮助投资者理解企业的潜力，也为创业者自身提供了一个明确的方向和行动计划。通过创业计划书，创业者可以在创业初期做出明智的中短期决策，为企业的成功奠定基础。创业计划书的编写需要按照相对标准的文本格式进行，有了一份详尽的创业计划书，就好似有了一份业务发展指示图，它会提醒创业者应该注意什么问题、规避什么风险，并最大限度地帮助创业者获得外界的帮助。

二、创业计划书的基本框架

创业计划书通常包含以下几个基本部分：

1. 封面

封面应该简洁明了，包含公司名称、标志，创业计划书的标题，撰写日期，项目负责人的姓名和联系方式。

2. 目录

目录应列出创业计划书的主要部分和各个小节的标题（通常展示到三级标题），以及相应的页码。该部分有助于读者快速定位到他们感兴趣的内容。

3. 计划摘要

计划摘要是为了让读者在短时间内弄清楚创业项目的内容，提供的是什么产品或服务，能否盈利或者能否产生社会效益。此外，可以包括企业理念、产品或服务的描述、目标市场、竞争优势、财务概览和资金需求。尽管位于创业计划书的首要位置，但计划摘要通常在其他部分完成后撰写。

4. 正文部分

正文部分是创业计划书的主体部分。在正文部分，应介绍企业的背景、社会需求、消费者痛点、市场目标和核心价值观；提供怎样的产品或服务，开发阶段、发展阶段和知识产权情况等;目标市场的详细分析,包括市场规模、增长预期、市场趋势、目标客户群体和竞争环境;如何推广产品或服务,包括营销计划、销售策略和定价策略;企业的日常运营情况,包括生产、设施、人力资源和供应链管理;关键团队成员的背景和职责;收入预测、现金流量预测、利润与亏损预测以及资金需求分析等。

5. 附录

附录可以包括任何支持性文件或额外信息,如详细的财务报表、市场研究数据、产品图片、合作协议等。

在撰写创业计划书时,要保证内容的逻辑性和连贯性。每个部分和小节都应有明确的标题和子标题,内容应分段清晰,使信息有序呈现。确保语言清晰、准确且专业,避免过多的行业术语或表达模糊不清。一个好的创业计划书不仅要能够清晰地传达商业理念和计划,还要能够说服读者,特别是潜在的投资者。

三、创业计划书的具体内容

(一)计划摘要

如前所述,计划摘要是在读者阅读全文之前提供一个清晰、简洁的概览。有效的计划摘要能够迅速吸引读者,清楚传达企业的核心理念和商业潜力,使投资者和其他利益相关者能够迅速了解企业的主要内容和优势。计划摘要主要包含以下内容:

1. 公司介绍

公司介绍简要描述公司的成立背景、愿景、使命和核心价值观。在介绍时要强调公司的独特定位,项目的创新性和独特之处,包括公司的主要产品或服务,突出其独特性和市场需求;说明产品如何解决特定的市场问题或满足消费者需求,以及它们的潜在市场规模;提供目标市场的概述,包括市场规模、增长潜力、目标客户群体和市场趋势;强调市场中的机会以及公司如何利用这些机会。

2. 营销策略

营销策略概括公司的市场定位和品牌建设策略。主要包括以下三个方面:描述推广方式,包括线上和线下的营销活动,以及如何通过这些活动吸引和保持客户;阐述销售目标、销售渠道和销售策略;具体说明如何将产品或服务推向市场并实现销售目标。

3. 管理计划

管理计划描述产品的生产过程、质量控制标准和供应链管理。要强调生产效率和产品质量如何保证企业的竞争优势;介绍核心管理团队成员的背景和专长,以及他们如何通过各自的专业知识和经验共同推动企业的发展。

4. 财务计划

财务计划提供财务摘要，包括预期的收入、支出、利润和现金流。要展示企业的财务健康状况和成长潜力；预估企业的融资需求，包括所需资金的金额、用途和预期的投资回报；强调为何这些资金对公司的成长至关重要。

最后，应特别强调公司的独特之处和成功的关键市场因素，包括创新技术、特殊的市场定位、团队的专业背景或者商业模式。摘要应当生动有力，直击要点，使读者能够迅速且准确地理解企业的核心价值和潜力。

（二）企业介绍

创业计划书不仅要展现企业的现状和潜力，更要获得潜在投资者和合作伙伴的信任。因此，积极的企业介绍必不可少，主要包含以下内容：

1. 企业创办初衷、目标和发展战略

应清晰地表述新创企业的初衷和思路，旨在解决市场上的某个具体问题、利用某项新技术或满足特定的客户需求。同时阐述企业的长远目标和发展战略，比如市场扩张计划、产品多样化或技术创新等。

2. 企业现状、背景和经营范围

应介绍企业的成立背景、发展历程以及经营范围。包括任何重要的里程碑事件，如产品推出、市场扩张或重要合作。同时，客观地评述企业以往的经验，包括成功和失误，并不断改革的历程。

3. 企业所处的行业和性质

应描述企业所处的行业背景，包括行业的发展趋势、市场规模和驱动因素。明确企业的性质，属于创新型企业、制造业还是服务业等，并阐述企业的经营范围和核心业务。

4. 企业主要产品的介绍

应介绍企业的主要产品或服务，包括产品的功能、优势、应用场景和目标客户。解释这些产品如何满足市场需求，以及它们在市场上的差异化策略。

5. 企业的目标市场和客户群

应描述目标市场和主要的客户群体，包括客户的特征、需求和购买行为。分析为何这些市场和客户群体对企业至关重要，以及企业如何满足他们的特定需求。

6. 竞争对手和市场竞争

应分析主要竞争对手，包括他们的市场地位、产品或者服务的优势和弱点。讨论竞争对手对企业发展的影响，以及企业如何在市场竞争中保持优势。

通过这种全面而深入的介绍，企业不仅能展示其业务和市场潜力，还能展现其对行业的深刻理解和应对挑战的能力。这样的介绍能有效地吸引投资者和合作伙伴的注意，为企业的成长和成功打下坚实的基础。

（三）产品介绍

在进行投资项目评估时，投资人最关心的问题是企业的产品、技术或服务能在多大程度上解决现实生活中的问题，或者企业的产品（服务）能否帮助顾客节约开支、增加收入、提高个人体验等。因此，产品介绍是创业计划书中最核心的内容。通常，产品介绍应包括：产品的概念、性能及特性，主要产品介绍，产品的市场竞争力，产品的研究和开发过程，发展新产品的计划和成本分析，产品的市场前景预测，产品的品牌和专利。在产品（服务）介绍部分，企业家要对产品（服务）进行详细说明，说明要准确、通俗易懂，产品介绍一般要附上产品原型、照片和使用流程图。具体来说，要着重考虑以下几点：

1. 产品要解决的问题

要明确指出顾客面临的具体问题以及企业产品如何解决这些问题。强调产品为顾客带来的价值，比如提高效率、降低成本、改善生活质量、提供新的解决方案等。

2. 产品的比较优势

要将企业的产品与市场上同类产品进行比较，突出独特的卖点、性能优势或成本效益。解释为什么顾客会选择企业的产品，而不是其他同类产品。

3. 商业护城河

要描述企业为保护产品采取的措施，包括拥有的专利或已申请的专利。如具有与其他企业或个人签订的专利使用权协议，也应予以说明。

4. 定价策略和利润潜力

要解释产品定价如何确保企业的利润，并吸引大量用户购买。这应包括成本分析、市场定位和预期的销售量。

5. 质量改进和新产品发展计划

要讨论企业如何迭代产品的质量和性能，以及未来发展新产品的计划，包括任何关于产品创新、技术升级或市场扩展的计划。

在陈述产品（服务）时，应遵循真实性原则，避免过度夸大产品的性能或者使用效果。虽然积极展示产品的优点是必要的，但每一项承诺都应能够兑现。诚信是建立长期合作伙伴关系的基石，企业的声誉依赖于其履行承诺的能力。

相关案例

珠峰见证了大疆无人机的稳定载重性能

大疆无人机为了推广其产品的良好性能，制造了振奋人心的话题：让无人机在珠穆朗玛峰上载物飞行。2024年4月，大疆运载无人机团队工程师在珠峰南侧大本营

> （海拔5 300米）及以上海拔地区，进行了为期一周的无人机高海拔飞行及运输能力测试，对无人机悬停、空载飞行及载物飞行的高原适应性进行了有效验证。在气温零下5℃、风力达15米/秒（相当于7级风力）的飞行时段内，FC30未经任何改装，可于海拔6 000米左右稳定飞行，并具备15千克的载重能力，航线长度2.7千米，拔升高度700米的运输任务中，一次往返运输后仍余有43%电量，动力系统表现稳定。创造了民用无人机最高运输纪录。
>
> 　　这也是全球首次6 000米高海拔自然环境与真实登山条件下完成的无人机运输实测。运载无人机在高海拔地区常态化运输的加速落地，或将推动高海拔登山、救援进入新时期，也将为环境保护与登山产业的可持续发展增添助力。

（四）营销策略

在向投资者阐述市场机会和营销策略时，要展示项目的市场吸引力和投资潜力。企业需要简明地概述产品或服务所面临的市场环境及竞争现状，包括市场规模、市场成长性、主要竞争者的市场份额和战略。通过对市场的细分，企业可以确定一个与其产品或服务特性最为契合的市场定位。这可能基于消费者的特定需求、偏好或消费行为模式。以下是几种常见的营销方法：

1. 广告营销

广告营销是通过各种媒体（如电视、广播、报纸、杂志等）向潜在客户传递信息的营销方法。广告营销可以根据目标受众的特点，选择合适的媒体和形式，制定出具有吸引力的广告文案，以提高产品的知名度和销售量。

2. 促销活动

促销活动是通过各种方式（如打折、优惠券、赠品等）来吸引消费者的注意力，促进销售。促销活动可以通过不同的方式进行，如线上线下结合、季节性促销、节日促销等，以达到最佳的营销效果。

3. 社交媒体营销

社交媒体营销是一种利用社交媒体平台进行营销的方法。它可以通过发布有价值的内容、与用户互动、建立品牌形象等方式，吸引潜在客户的注意力，提高品牌知名度和销售量。

4. 口碑营销

口碑营销是一种通过顾客的推荐和信任来提高品牌知名度和销售量的方法。它可以通过提供优质的产品和服务、建立良好的客户关系、开展客户满意度调查等方式来实现。

5. 内容营销

内容营销是一种通过有价值的内容吸引潜在客户的注意力，提高品牌知名度和信任度的方法。它可以通过撰写博客文章、制作视频、发布新闻稿等方式，向潜在客户传递有价值的信息，提高品牌形象和信誉度。

6. 合作营销

合作营销是一种通过与其他企业或品牌合作，共同推广产品或服务的方法。它可以通过与其他品牌合作举办活动、共同推广新产品等方式来实现，以提高品牌知名度和销售量。

7. 数据分析营销

数据分析营销是一种根据市场数据和消费者行为进行分析，制定出有针对性的营销策略的方法。它可以通过收集和分析市场数据、消费者行为数据等，了解消费者的需求和偏好，制定出具有针对性的营销策略，提高销售量和品牌知名度。

相关案例

> **蒙牛集团的STP营销策略**
>
> 蒙牛集团作为中国领先的乳制品供应商，其营销策略体现了对市场的深入理解和精准定位。市场细分：蒙牛根据消费者的年龄、性别、收入、地域等对消费者群体进行不同的细分。例如，蒙牛将市场上的女性消费者分为白领、孕妇、中老年女性等不同群体，并针对这些细分市场推出相应的产品。目标市场：蒙牛选择目标市场时，运用了无差别性市场策略、差异性市场策略和集中性市场策略。无差别性市场策略适用于产品同质性强、市场需求共性明显的市场环境。差异性市场策略则是针对不同子市场设计不同的产品和营销策略。集中性市场策略则是专注于一两个细分市场，进行专业化生产和销售。市场定位：蒙牛通过市场定位来塑造产品的独特形象，并传递给消费者。蒙牛集团的STP营销策略使其在乳制品市场中占据了有利地位，并且通过不断的市场细分和目标市场的选择，以及精准的市场定位，满足了不同消费者群体的需求，提升了品牌的市场竞争力。

（五）生产运营

在创业计划书中，生产运营环节应包含生产策略、厂址选择、生产计划、企业运营等。

1. 生产策略

应阐述企业如何优化生产过程以达到最高效率和质量。这包括选择合适的生产技术和方法（如精益生产、自动化生产或手工制造），以及如何利用这些技术来提高生产力和降低成本。此外，应考虑产品设计的可行性，确保设计既符合市场需求又便于高效生产。

2. 厂址选择

应说明企业选择当前位置的原因，如地理位置、交通便利性，或者接近主要市场、原料供应商、人才储备聚集地等，还应考虑当地的劳动力市场、成本结构（如地价、税收政策）以及政策法律环境等因素。

3. 生产计划

应描述企业是如何根据市场需求、原材料供应、生产能力和财务规划等因素来制定生产计划的。这包括需求预测、产能规划、库存管理和供应链协调等。

4. 企业运营

企业运营包括质量控制、成本管理、工作流程优化、员工培训和发展、风险应对策略。这些因素共同决定了企业生产运营的效率和效果。

综上所述，一个全面的生产运营环节不仅展示了企业的生产能力，还体现了企业在战略规划、资源配置和风险管理等方面的综合实力。

（六）人员与组织结构

创业团队通常包括创始人、首席执行官（CEO）、首席财务官（CFO）、首席运营官（COO）、首席技术官（CTO）、首席营销官（CMO）等核心角色。此外，需要财务、人力资源、市场、产品开发、销售、客户服务等部门的专业人才。团队成员应具备互补的技能和经验，如领导力、战略思维、技术能力、商业洞察力等。

企业组织架构是根据公司战略、业务流程、管理理念和外部环境等多种因素而设计的一种内部管理结构。这种结构旨在确保企业能够有效地运作和实现其商业目标。组织架构可以有多种形态，但通常情况下，一个典型的企业组织架构可能包含以下几个基本层级：

最高管理层（Top Management）：首席执行官（CEO）、首席财务官（CFO）和董事会成员。

执行管理层（Executive Level）：首席运营官（COO）、首席技术官（CTO）、首席人力资源官（CHRO）和首席营销官（CMO）。

部门管理层（Departmental Level）：财务部、人力资源部、行政部、产品开发部、信息技术部、市场部、销售部和公共关系部等。

中层管理（Middle Management）：部门经理、项目经理和团队领导。

基层管理（Lower Management）：班组长和基层主管。

员工层（Staff Level）：普通员工。

支持层（Support Level）：行政支持、IT支持和人力资源支持。

每个层级都有其特定的职责和功能，它们的相互关系和协作对企业的运营至关重要。组织架构图通常以图表形式表示，可以清晰地展示这些层级之间的关系。

企业可能会根据不同的业务需求和战略方向调整其组织架构。例如，一些企业可能采用扁平化管理结构，以减少层级和提高决策效率；而一些企业可能更倾向于传统的层级结构，以便更好地控制和管理。随着技术的发展和市场环境的变化，组织架构也可能会变得更加灵活和动态。

（七）风险管理

风险管理涉及各种不确定性和潜在问题的识别、评估以及应对策略的制定。以下是风险管理的一些基本步骤：

1. 风险识别

进行风险识别时，首先需要列出所有可能影响项目成功的因素，包括内部因素（如人员变动、技术问题）和外部因素（如市场变化、政策调整）。可以使用SWOT分析（优势、劣势、机会、威胁）或者PESTLE分析（政治、经济、社会、技术、法律、环境）等工具。

2. 风险评估

对每个可能存在的风险进行量化或定性评估，确定其可能性和影响程度，有助于确定哪些风险是最紧迫和最重要的。

3. 风险应对策略

为每个风险制定相应的应对策略，包括避免、转移、减轻或接受风险。例如，对于高概率低影响的风险，可能选择接受；对于高影响高概率的风险，需要制定详细的应急计划。

4. 风险监控

在项目执行过程中持续监控风险，及时更新风险列表，以便调整策略。这可以通过定期的风险评审会议来实现。

5. 风险沟通

确保所有项目相关方都了解风险管理计划，以及他们在风险应对过程中的角色。这有助于增强团队的危机意识和协作能力。

6. 风险预算

为风险管理活动预留一定的预算，以应对可能出现的问题。

7. 风险文档化

将风险管理过程和结果记录在创业计划书中，作为项目管理的一部分，供后期参考和审计。

通过以上步骤，可以帮助项目团队更有效地管理风险，降低不确定性，提高项目的成功率。

（八）财务分析

初创企业的财务分析涉及企业的资金流动、盈利状况、风险控制等多个方面。主要包含以下内容：

1. 资产负债表分析

资产负债表分析包括资产构成分析、负债构成分析、所有者权益构成分析。

2. 利润表分析

利润表反映企业在一定期间的经营成果，它展示了企业的收入、成本、费用和利润的构成和比例。通过对利润表的分析，可以了解企业的盈利能力、成本控制能力和经营效率。

3. 现金流量表分析

现金流量表反映企业在一定期间内现金流入和流出的原因和数量关系。通过对现金流量表的分析，可以了解企业的现金流入流出情况、资金周转状况和偿债能力。

4. 偿债能力指标

偿债能力包括短期偿债能力和长期偿债能力两个方面。短期偿债能力指标包括流动比率、速动比率、现金比率等；长期偿债能力指标包括资产负债率、产权比率、负债与所有者权益比率等。通过对这些指标的分析，可以评估企业的偿债风险和债权人的利益保障程度。

5. 营运能力指标

营运能力指标反映企业资金周转的速度和效率。营运能力指标包括存货周转率、应收账款周转率和总资产周转率等。通过对这些指标的分析，可以评估企业的运营效率和管理水平，以及存货和应收账款的管理效果。

6. 盈利能力指标

盈利能力指标反映企业的经营效率和所有者权益的增值能力。盈利能力指标包括营业利润率、净利率、总资产报酬率、市盈率和市净率等。通过对这些指标的分析，可以了解企业的盈利水平和市场地位，以及所有者权益的增值潜力。

7. 融资需求分析

企业融资通过内部融资和外部融资两种方式来实现。内部融资可以通过提高利润留存和减少不必要的支出等方式来实现；外部融资则需要寻求投资者的支持或通过股权融资等方式来筹集资金。融资需求分析需要结合企业实际情况和市场环境进行分析和规划，以确保融资方案的可行性和合理性。同时，融资方案需要考虑资本结构的问题，以实现企业价值的最大化。

（九）发展规划

创业者需要做好公司发展的整体规划，包括市场定位、产品发展、市场拓展、人才引进和培养、技术研发等。规划中应包含具体的年度目标，这些目标应根据不同的业务科目和企业的整体战略来设定。企业发展规划一般应包括以下方面：

1. 愿景和使命

明确企业的长远愿景，即企业希望成为什么样的组织。阐述企业的使命，即企业存在的根本原因和目标。

2. 短期目标

企业应设定短期（通常为1~3年）的发展目标，这些目标应当是具体、可量化的。

3. 中期目标

企业应规划中期（通常为3~5年）的发展目标，这些目标应与短期目标相衔接，且更加注重扩展和增长。

4. 长期目标

企业还应描述长期（5年以上）的发展目标，这些目标通常涉及企业的持续发展和行业地位。

此外，企业可以规划退出策略，包括出售、合并或上市等。需确保发展规划的可行性和实施性，同时也要考虑到市场变化和潜在的挑战。通过制定合理的发展规划，可以向潜在的投资者、合作伙伴和团队成员展示企业的未来方向和成功潜力。

（十）附录

附录包括与创业计划书相关但不宜放在正文的一些内容，如企业的组织架构图、产品说明书或照片、设施或技术的分析、现金流量表、资产负债表等。通常，附录对于创业者获取外部资源的支持有着特殊意义。一般来说，附录的内容可分为附件、附图和附表。

附件包括：营业执照副本、重要董事会名单及简历、公司章程、产品说明书、市场调查结果、专利证书、鉴定报告、注册商标、调查问卷分析和合作协议等。

附图包括：企业组织架构图、工艺流程图、产品展示图、产品销售预测图、项目选址图等。

附表包括：主要产品目录、主要客户名单、主要供应商和经销商名单、主要设备清单、市场调查表、现金流预测表、资产负债预测表、损益预测表等。

第二节 创业计划书的撰写技巧

一、内容具有针对性

不同的读者群体对创业计划书有不同的关注点和需求，因此，应根据不同的目的突出重点。

投资者更关注投资回报，应重点阐述产品或服务、收入来源、成本结构和盈利方式；目标市场的大小、增长潜力和竞争格局，包括市场趋势、目标客户群体、市场占有率的预测等；投资者预期的财务回报，包括预期收益、回报周期和风险评估；等等。

面对创业导师或评审专家时，应当强调项目的社会效应。具体来说，可能包括：为社会提供新的就业机会，帮助减少失业率，提高就业率；带动经济增长，增加国内生产总值；带来新技术和创新变革，推动科技进步和产业升级；满足消费者的需求，提高市场供给；提供更便捷、高效或环保的产品与服务，提高人们生活质量；为弱势群体提供服务或产品，帮助缩小社会差距；推动可持续发展和环保，有助于减少污染，保护自然资源；提供培训和教育机会，提高劳动力的技能和知识水平；促进文化交流，丰富社会生活，增强社区凝聚力；通过公益项目直接或间接地提高社会福祉；树立新的行业标杆，推动政策制定者进行法规改革，以适应新的商业模式；改善基础设施，提升社区生活质量；校企合作可以支持基础和应用科学研究，增加科研成果转化。

二、行文简明扼要

撰写创业计划书时，简明扼要的表达可以让读者快速抓住项目的核心要点。在开始之前，应明确创业计划书的目的和目标读者是谁，确定需要包含哪些信息。在开头部分首先提供一个简短的计划摘要，使读者一目了然。使用清晰的标题和小标题，将计划书明确划分为若干部分。确保项目目标具体、可衡量、可实现、相关性强和有明确时限。应描述项目实施的具体方法和步骤，但避免过于技术化的细节。创建一个清晰的时间表，展示项目的各个阶段和关键里程碑。避免重复信息，确保每个部分都提供新的、有价值的内容。在完成初稿后，应多次审阅和编辑，以确保语言简洁、清晰。在最终提交之前，向同事或专业人士寻求反馈，并根据建议进行改进。使用专业的语言和格式，确保文档看起来专业和可信。

创业计划书应避免冗长、复杂的句子，使用简单、直接的语言。确保文档格式专业、一致，包括字体、间距、标题和子标题的使用。应根据反馈和市场变化，不断更新和调整创业计划书。可以用讲述故事的方式吸引读者，激发读者兴趣。即使是针对专业人士的计划书，也要确保内容易于理解。

三、数据可视化

在创业计划书中，充分使用图表不仅可使数据可视化，而且还增强长篇文案的趣味性和可阅读性。具体来说，可以从以下方面着手：

一是使用图表展示数字信息。使用折线图、条形图、饼图、气泡图、雷达图等展示行业增长率、市场规模的变化趋势或者行业发展历程。图表中可以包括历史数据以及未来预测，以展示市场的发展方向。

二是使用图表展示用户增长。利用折线图或者雷达图展示用户增长趋势，包括启动阶段的用户获取数、月度活跃用户数等指标。条形图或饼图可以展示不同用户群体的分布，如按年龄、地区、性别等分类，这有助于展示产品或服务的市场接受度和目标市场的多样性。

三是使用图表展示商业模式和盈利能力。创建表格来展示收入、成本、利润等财务预测，包括预测的收入来源、成本结构以及预计的盈利时间点。使用图表来展示不同盈利模式下的收益预测，如订阅模式、一次性购买、广告收入等，这有助于阐明不同模式对盈利的贡献。

四是有效利用思维导图或者树形结构图。在描述企业组织结构、生产（服务）流程、企业发展过程时，可以充分利用思维导图或者树形结构图将复杂结构或者流程简单化。

五是如果企业已经开发了网站、App，也可在项目计划书中展示其架构、使用方法、使用流程等。

数据可视化是传达复杂信息的有效工具，在设计时应简洁、易于理解，避免出现过于复杂或混乱的视觉元素。数据可视化不仅使信息更加直观和容易理解，而且增强了整体的说服力。应使用准确、最新的数据，确保数据来源的可靠性。在图表旁边可以提供简短的文字描述，帮助卖者理解图表所展示的信息。

第三节 项目路演PPT设计

一、路演的概念

路演（Roadshow）是一种商业推广活动，通常用于企业在公开发行股票、债券或其他金融产品之前，向潜在的投资者宣讲其业务、产品和财务状况。路演的目的是吸引投资者的兴趣，增加市场对其即将上市产品的认知，以及建立与投资者之间的信任关系。大学生初创企业的路演通常是面向创业大赛评审专家、行业专业人士、投资方等。路演通常包括以下几个环节：

（1）演讲和演示。通常由企业高管、企业代表，或初创企业的发起人进行演讲，介绍公司的业务模式、市场定位、竞争优势、财务状况等。（2）问答。在此环节，投资者可以提问，企业代表回答，以解决投资者的疑问和顾虑。（3）一对一会议。企业代表与潜在投资者进行一对一的会谈，更深入地讨论公司的情况。或者是初创企业团队与创业导师一对一的项目打磨。

路演可以线上进行，也可以在线下开展。线上路演通过视频会议等方式进行，而线下路演则需要企业代表前往不同城市或国家，与投资者面对面交流。路演是资本市场中一个重要的环节，对于企业的融资活动和市场推广具有重要作用。

二、项目路演PPT的核心内容

（一）项目背景

首先应描述项目发起的初衷。可以从自己的生活经历开始，比如从以下方面着手：家乡的扶贫助农项目，熟悉的民间手艺、农产品等；未被满足的消费需求，社区服务；知识或者技术成果转化；等等。要阐述项目发起人对项目内容的深厚情感和责任感，已有的资源和为之付出的努力。此外，国家的政策、扶持力度、行业发展势头和通过调研获知的市场需求可一并阐述。

（二）产品或服务介绍

路演的本质是一场推销，因此核心内容应是展示产品或服务，说明能带来经济效益或者社会效益。投资者通常对概念持怀疑态度，他们更倾向于看到切实可行的产品或服务。因此，PPT的内容应当直观展示产品或服务的实际样貌、功能和应用场景。

路演应展示产品或服务的核心特征、工作原理以及它如何解决特定的市场需求。这种展示应该是直观和易于理解的，避免使用过于复杂或抽象的术语，而是用简单的语言和图表来传达核心信息。如果可能，应展示产品的实物或者实际操作演示服务，让投资者对产品或服务有一个直观的认识。

路演应该强调产品或服务的市场潜力。这包括对目标市场的分析、竞争环境的评估以及对市场接受度的预期。应集中于展示具体、实用且有商业潜力的产品或服务。

（三）客户群体

市场上哪些客户会购买你的产品或服务？创业新手常常会认为将目标受众定义得越广泛越好，但对于经验丰富的投资者来说，他们更愿意听到基于实际市场研究的精准消费群体。因此要将大众化思维转变为小众思维，或者精准受众思维。

精确的受众定位意味着深入分析目标市场的具体人口特征和心理特征，包括年龄、性别、收入水平、教育背景、职业、生活方式以及购买习惯等。更重要的是，创业者应该展示对目标受众心理特征深刻的理解，比如他们的需求、偏好、购买动机以及可能的疑虑和反对意见。

对客户群体的定位基于市场调研数据、早期产品测试的反馈、客户访谈的结果以及预售活动的数据。这些数据能够提供实证支持，显示产品或服务确实能够满足特定受众群体的需求。基于数据和实际研究的市场分析，比简单地描绘一个宽泛且不切实际的市场前景要更加有效和有说服力。

（四）营销策略

创业者需要在PPT中明确展示其营销理念、方法和渠道，这不仅会展现他们对市场的理解，也向投资者证明了他们有能力吸引并保留客户。

营销策略包括不同的营销渠道，以及如何使用这些渠道来吸引潜在消费者。通过展示这些营销方法，创业者可以向投资者展示他们在吸引新客户方面的专业性和创造力。创业者还应当展示他们如何根据市场反馈不断调整和优化营销策略，这体现了团队对市场变化的适应性和灵活性。

（五）财务预算或盈利趋势

在路演中需要明确财务预算和盈利趋势，可以用趋势图等可视化方式展示。具体可包括以下内容：

1. 财务预测

财务预测包括收入预测、成本预测和盈利预测。收入预测是根据市场规模、目标市场份额和产品定价等因素预测未来一段时间内的销售收入。成本预测包括固定成本和变动成本，以及与运营和生产相关的其他成本。盈利预测是通过对收入和成本的综合分析，预测项目的盈利能力和潜在利润。

2. 现金流量分析

现金流量分析是对项目现金流入和流出的预测和分析。它考虑了项目的收入、支出、投资和融资等，以评估项目的现金流动情况。现金流量分析有助于判断项目是否能够满足短期和长期的资金需求，并评估项目的偿债能力和盈利能力。

3. 投资回报率

投资回报率是项目投资回报的预测指标。常见的投资回报率指标包括净现值、内部收益率和投资回收期。这些指标用于衡量项目的经济效益和回报潜力，帮助投资者评估项目是否值得投资。

4. 风险评估

财务分析还需要对项目的风险进行预估。这涉及市场风险、竞争风险、市场需求波动等因素的分析，以及制定相应的风险管理策略和应对措施。

（六）团队成员

一个有凝聚力的专业团队是项目落地的前提。因此，要展示团队的组成、专长和优势。

首先，介绍团队成员的背景和专业技能。包括他们在相关领域的工作经验、教育背景、技术专长，以及过往在类似项目或行业中的成就。

其次，团队成员的专长应有互补性。一个多元化的团队，拥有不同的技能和个性，可以更全面地解决问题，并促进团队创新思维。

最后，展示团队的协作和领导能力。团队应共同制定和执行决策，团队成员之间应有良好的沟通和协作能力。

第四节　项目路演技巧

一、注重演讲礼仪

演讲者代表了企业形象，因此，演讲者的举止、着装、沟通方式都会被放大。具体来说，演讲者应注意以下方面的礼仪：

（1）得体的着装和整洁的外观。得体的着装和整洁的外观会给投资者或者评委留下深刻的印象。可以选择与项目相关的民族服饰、特色服饰、企业制服等。

（2）演讲者要有感染力。演讲者的语音语调铿锵有力，表现出充分的自信。演讲中充分使用非语言沟通，如眼神交流、肢体语言和面部表情。

（3）尽管是为了融资或者参赛而路演，演讲过程也应不卑不亢，切不可唯唯诺诺，否则会降低投资人或者评委对项目的信心。

项目路演不仅是一个展示商业计划的机会，更是一个创业者展示个人职业素养、建立品牌形象和赢得信任的重要场合。

二、讲好故事

讲好创业故事。讲故事是一种极其有效的沟通方式，因为它能够触动听众的情感，从而引发共鸣。通过讲述自己的旅程、挑战、成功和梦想，创业者能够展现其项目背后的热情和动力。可以讲述项目是如何开始的、如何发展壮大的，以及它如何解决特定的问题或满足市场需求，最终要完成怎样的愿景和梦想。

一个好的故事还能够激发听众的想象力，使他们能够在脑海中构建项目成功的画面。这不仅能增加项目吸引投资的可能性，也能帮助创业者与投资人建立更深层次的关系。

三、注重视觉效果

利用PPT、视频、图片等视觉元素可以更好地吸引听众的注意力，增强展示效果。确保PPT设计简洁明了，色彩搭配合理，图片和视频质量高。富有美感的PPT能使听众投入到路演中，与演讲者产生共鸣。

四、重点突出

在项目路演中，准确而高效地传达关键信息对于吸引并保持投资人的关注至关重要。路演时间往往极其有限，创业者必须遵循"电梯理论"，即假设在电梯里遇到了投资人，在对方下电梯前短短的几十秒内要让投资人驻足并感兴趣。因此路演必须重点突出。在路演中，为了系统讲述项目的背景、产品或服务、企业规划与发展、投融资、团队、愿景等信息，核心内容常常容易被淹没，因此必须用主要的时间来展示产品和盈利方式。

总之，项目路演是一种非常重要的推广和宣传方式，掌握一些技巧可以让你的路演更加成功。明确目标人群、精心准备内容、具备专业素养、注重视觉效果、保持自信和热情、加强互动交流、注重演讲礼仪、合理控制时间以及应对方案的准备等都非常重要。在项目路演中，创业者应该注重内容的精炼、逻辑的清晰、语言的通俗易懂，并保持互动和专业的态度。这样不仅能避免让投资人感到无聊或混乱，还能大大提高获得投资的可能性。

拓展启示

勇敢地展示自己

勇敢地展示自己不仅是个人成长的体现，也是培养自信、责任感和创新精神的重要内容。每一个人都是社会大家庭中的一员，我们的行为和选择不仅影响自己，也影响着周围的人和整个社会。勇敢地展示自己，不仅是对自己能力的认可，更是对社会负责的一种表现。

首先，勇敢展示自己是自我价值实现的过程。正如马克思所说，人是社会关系的总和。我们通过展示自己的才华和思想，与他人交流，从而实现个人的社会价值。

其次，勇敢展示自己是培养责任感的过程。作为新时代的青年，我们有责任将自己的创新思维和实践成果分享给社会，为社会的进步贡献力量。在展示自己的过程中,我们学会了承担,学会了面对挑战,培养了责任感和使命感。

再次,勇敢展示自己是体现创新精神的体现。在不断变化的时代,创新是推动社会进步的核心要素。通过展示自己的想法和项目,我们展现创新思维,激发创造活力,提升实践能力。

最后,勇敢展示自己是积极参与社会实践过程。通过展示,我们与社会互动,了解社会需求,接受社会评价,这有助于我们更好地融入社会,实现个人与社会的和谐发展。

因此,勇敢地展示自己,不仅是个人成长的需要,也是社会进步的要求。让我们勇敢地展示自己,为实现个人的梦想和社会的发展贡献力量。

第十章

新企业的创办与管理

案例导读

大疆公司的创办和发展历程

2006年,汪某和他的两个同学在深圳成立了一家名为大疆的公司,专门从事大疆的飞行控制系统的研究和制造,并在此基础上完成了对直升机的悬停控制。当时,无人机技术还处于起步阶段,市场需求还不够明确,机模爱好者都是自己购买零件、系统进行组装,所以大疆公司一开始也是做零件和系统研发。然而,汪某和他的团队相信无人机技术的未来,他们决定将公司的重心放在无人机的研发和制造上。

创业初期的大疆公司面临着巨大的困难和挑战。无人机技术的研发需要大量的资金和人力,且市场需求不明确,产品销售也非常困难。汪某和他的团队不断进行技术研发和产品改进,同时积极寻找投资和市场机会。在他们的努力下,大疆公司逐渐开始获得了一些市场份额和投资,公司的发展也逐渐步入正轨。2013年,大疆推出了Phantom系列无人机,一经推出就受到了广泛关注和赞誉。Phantom系列无人机的高性能、易操作和低价格,让无人机技术进入了大众市场,成为消费级无人机的代表品牌。

随着无人机技术的逐渐成熟,大疆公司的业务范围也逐渐扩展。除了消费级无人机产品,大疆还涉足农业、测绘、安防、电影等多个领域。目前,大疆公司是一家国际化的无人飞行器控制系统的研发商,其产品已遍及世界100多个国家和地区。在十几年的发展历程中,大疆在无人机、手持成像系统、机器人教育等方面取得世界领导地位。

第一节 新创企业的组织形式

企业组织形式是指企业按照产权安排和责任归属形成的一种组织形式。企业组织形式是一种动态的概念，是在漫长的经济发展历程中慢慢形成的。随着时代的发展，企业的组织形式和理论基础也在不断变化，在此发展过程中，社会、法律等各方面也在不断地影响着企业的组织形式，使企业组织形式逐步完善。

一、企业组织形式的历史演变

企业的组织形式是随着企业的发展而不断发展、创新的。在没有实行公司制的时候，企业的组织形式主要有个体经营和合伙经营。随着企业规模的扩大以及经营领域的拓宽，为适应生产经营需要，又产生了无限公司、股份有限公司和有限责任公司等形式。

（一）古典企业组织形式

传统的商业组织模式通常表现为个体经营与合伙经营。在人类历史长河中，个体经营与合伙经营，是历经数千年的两大商业组织形式。

1. 个体经营

随着商品生产和交换的出现，私有制产生了，一些从事工商业活动的人便相互联合起来，形成了工商业活动或合伙型的商业机构。生产不再以自给自足为目的，而是以简单的分工为基础，规模性、连续性和有序性催生出创新的企业组织——个体经营。个体经营是企业最原始的组织形态，也是最古老和最简单的企业组织形式。在我国，个体工商户是我国经济发展的重要组成部分，也是我国经济社会发展和创新的重要行为主体。

个体经营是一种由个人出资经营，归个人所有和控制，由个人承担经营风险，享受所有经营收益的典型企业组织形式。它是以产品为目标，由所有者和自己的财产共同构成的一种特殊的经济组织形式。

2. 合伙经营

个体经营者的资产与经营能力有限，企业效率也较低，因此，一种更加适应商品经济、社会化生产力需要的新的企业组织方式产生了，即合伙经营，合伙经营与个体经营同时存在。不像个体经营那样单一、近乎固定的形态，合伙经营在其发展历程中发生了丰富的变革，它对社会生产力的发展具有巨大的推动作用。

在我国，合伙企业指依照《合伙企业法》在中国境内设立的，由自然人、法人和其他组织订立合伙协议，共同出资、合伙经营、收益和风险共担的企业组织形式。合伙企业可根据是否对合伙企业债务承担无限连带责任分为普通合伙企业[①]和有限合伙企业。其中，普通合伙企业和有限合伙企业中的普通合伙人承担无限连带责任，有限合伙企业中的有限合伙人以其认缴的出资额为限承担有限责任。有限合伙企业实现了出资权和管理权的分离，既可以拓宽融资渠道，提高企业抗风险能力，又可以结合企业管理方和资金方的优势，具有较强的决策权与经营能力，从而具有较大的发展空间。

（二）近代企业组织形式

近代企业的经营模式主要包括无限公司与两合公司两种。17世纪之初，英国政府对公司形态进行了系统分类和明确界定，将无限公司、两合公司和合伙企业从法律上予以区分，从而形成了一套更为清晰和规范的组织形式，为后来的商业活动提供了重要的法律框架。

1. 无限公司

无限公司的建立基于这样的核心理念：公司及其所有资产都被视为股东个人财产的延伸。这种组织形式赋予了债权人较强的信心，因为即使公司破产，债权人仍能从无限责任股东那里获得全额偿还，这在一定程度上强化了对债权人的保护。股东之间不仅仅是投资合作关系，他们常常直接参与到企业的经营和管理中，共同承担风险与收益，体现了一种紧密的家族或朋友间的互助精神。这一特殊的组织形态特别适用于那些规模不大、需要高度私人关注和灵活性的小型公司和家族企业。由于其特殊性，无限公司通常允许股东拥有更多的决策自主权，管理层能够迅速响应市场变化并作出调整，是世界各地许多中小型企业和家族企业的选择。

2. 两合公司

两合公司是由无限责任股东和有限责任股东共同组成的公司。无限责任股东对公司的债务负有无限连带责任，而有限责任股东则只需在其出资额范围内对公司的债务承担相应的责任。这种制度设计旨在平衡风险与收益，允许有限的责任来控制个人投资的风险，同时通过无限责任制度增加了公司的财务实力和信用度。

两合公司不仅有利于融资，还体现了现代商法对所有权与控制权分离理念的追求。在实践中，它有助于激励企业家将个人资产与企业风险分开管理，从而更好地保护投资者的利益，并促进企业的长期稳定发展。由于两合公司能够根据实际情况调整股东责任的承担方式，这为其适应不同行业、不同规模以及不同风险偏好的企业提供了广阔的空间。两合公司以其独特的双重责任结构，不仅为股东们提供了一种新的投资选择，也为投资者和债权人创造了更为合理的风险与回报关系，进一步推动了商业社会的发展和进步。

---

① 我国《合伙企业法》第3条规定，国有独资公司、国有企业、上市公司以及公益性的事业单位、社会团体不得成为普通合伙人。

（三）现代企业组织形式

现代企业组织形式主要包括股份有限公司和有限责任公司。它们不仅在市场经济活动中占据着核心位置，也被视为现代企业制度的典范。随着市场经济的不断发展和企业规模的日益扩大，中小企业逐渐意识到，建立一个完善、高效的组织体系是实现可持续发展的关键。有限责任公司的出现标志着中小企业组织体系的初步成熟，它的公司结构相对简单，便于管理，又能有效保护投资者利益，减少经营风险。股份有限公司的设立则为企业提供了更为灵活多样的资本运作空间，使其能够吸引更多的投资者并拓展业务范围。因此，有限责任公司和股份有限公司共同构成了完整的企业组织形式体系，为企业的成长与扩张奠定了坚实的基础。无论是初创企业还是成熟的大型企业，都可以根据自身的需求选择企业组织模式。

1. 股份有限公司

股份有限公司作为一种典型的企业组织形式，其运行机制依赖于一套明确的法律法规。公司通过向社会公众发行股票来筹集资金，股票通常代表着对公司未来盈利能力的所有权。在股份有限公司中，股东们会根据他们所持有的股份比例承担相应的责任和风险，这意味着股东的投资不是无限的，而是受到所持股份的限制。股份有限公司的股票一般可以在公开市场上进行交易，这使得股票持有者能够自由地买卖股份，从而实现资本的流动与增值。

股份有限公司不仅简化了企业设立过程，降低了创业门槛，而且通过股票交易实现了资本的自由流通，极大地促进了经济的全球化和市场的流动性。随着时间的推移，股份有限公司逐渐演变成了现代市场经济中最常见的企业形态之一，成为推动全球经济增长的重要力量。

2. 有限责任公司

有限责任公司结合了股份有限公司和无限公司的优点，提供了一种更加灵活和个性化的结构。这种类型的公司对股东人数有一定的限制，通常设定一个上限，这样可以确保公司治理结构的简洁性和高效性。在有限责任公司中，股东们需要以其出资额来承担责任，也就是说，股东对公司债务的偿付是有限的。因此，有限责任公司往往更加适合较小规模资本投入的企业或个人投资者。与股份有限公司不同，有限责任公司不公开发行股票，股东之间也没有股份转让的便利，但它为投资者提供了一种相对稳定且成本较低的投资选择。

有限责任公司不仅在制造业、服务业等传统行业中广泛应用，而且还扩展到了创新领域和新兴产业中。随着全球化和技术革新的加速，有限责任公司以其独特的优势继续发挥着重要作用。有限责任公司的出现为经济的多元化和个性化发展开辟了新的道路，它是对传统企业组织形态的一种补充和完善。随着时间的推移，有限责任公司将继续适应不断变化的商业需求，并在推动社会进步和经济发展方面扮演越来越重要的角色。

二、不同国家的企业组织形式

西方国家的企业家们通常基于投资方式和责任形式来选择企业组织形式。最简单也最为常见的是独资的有限责任企业和独资的无限责任企业，其次是合资的有限责任企业、合资的无限责任企业以及两合企业。将这五种企业组织形式汇总起来，大致可分为三种主要类别：独资企业、合伙企业和公司企业。独资企业专指个人所有的企业；合伙企业则是包含两个或两个以上合伙人共同经营的企业；公司企业则是指由多个投资者设立的股份制企业。

还可以将企业组织形式划分为公司制和非公司制两大类。公司制企业包括有限责任公司和股份有限公司；而非公司制企业则包括独资企业、合伙企业等。企业的所有者可以根据自己的战略目标、市场状况和风险承受能力来选择最合适的组织架构。表10-1显示的是国际常用企业组织形式分类。

表10-1 国际常用企业组织形式分类[①]

组织形式	具体形态
公司制	有限责任公司
	股份有限公司
非公司制	独资企业
	合伙企业
	无限公司
	有限合伙

（一）德国

德国建立了一种独特的市场经济体制——"社会市场经济"，其基本特征可以归纳为以下几点：以私人企业为核心，充分发挥市场机制的作用；通过国家的适度干预，确保效率与社会公正得到平衡；强调社会福利和公共服务的重要性，保障全体公民的基本权益。在德国，新创企业组织形式可分为人合企业、资合企业、合作社企业三大类，如图10-1所示。这种企业组织形式不仅对德国的经济恢复起到了重要作用，也为全球其他国家提供了可借鉴的经验。通过这种企业组织结构，德国将个体企业和大企业有效地结合起来，推动了整个经济体系的持续发展。

---

① 王舰兵：《我国中小企业组织形式研究》，江苏大学2005年硕士论文。

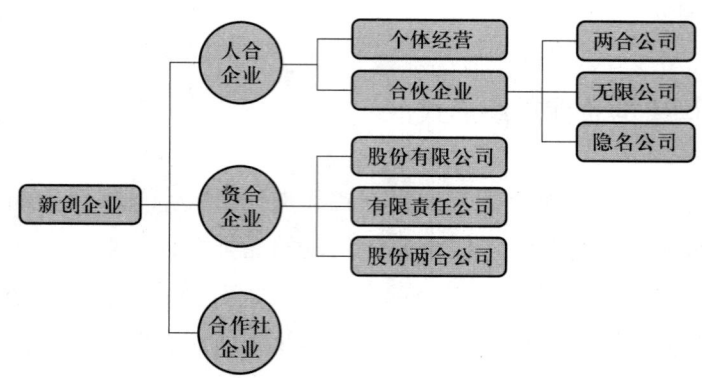

图 10-1 德国中小企业组织形式示意图

具体来说，常见的德国企业组织形式主要包括以下几种：

（1）个体经营。个体经营类似于独资企业，由一个人拥有和运营，企业主对企业债务承担无限责任。

（2）合伙企业。合伙企业由两个或两个以上的人共同拥有和运营，合伙人对合伙企业债务承担无限连带责任。

（3）有限责任公司。有限责任公司是德国最常见的公司形式，股东的责任限于其对公司的出资额，公司具有独立法人资格。

（4）股份有限公司。股份有限公司的股份可以公开发行，股东的责任限于其持有的股份，公司具有独立法人资格，必须采用由董事会和监事会组成的双层管理模式。

（5）两合公司。两合公司至少包含一个有限责任合伙人和一个无限责任合伙人，无限责任合伙人对公司债务承担个人无限责任，有限责任合伙人的责任限于其出资额。

（6）无限公司。无限公司类似于合伙企业，所有合伙人对公司债务承担无限连带责任。

（7）合作社企业。合作社企业是基于成员所有和民主管理原则的企业形式，成员对合作社的债务承担有限责任。

此外，还有一些股份两合公司、有限责任两合公司、隐名公司、基金会、欧洲公司等企业组织形式，因并不多见，所以不再详述。

（二）英国

英国对中小企业的立法许可是比较复杂的，一般可以将其划分为非公司型（个体经营、合伙企业和有限合伙企业）与公司型（股份有限公司、有限责任公司和担保有限公司）两种类型。另外，还存在少数几种特殊的商业组织。英国立法对个体经营的规则和德国相似，但在合伙制方面与德国存在较大差别，英国的合伙制分为普通合伙和有限合伙等。英国企业组织方式更具特色之处在于，在英国开展相关业

务的外资企业必须建立自己的分支机构,该分支机构可以是子公司或代表办事处。英国的企业组织形式主要包括以下几种:

(1)个体经营。个体经营是最简单的企业形式,由一个人拥有和运营,企业主对企业债务承担无限责任。

(2)合伙企业。合伙企业由两个或两个以上的人共同拥有和运营,合伙人共同承担企业债务和责任。

(3)有限责任公司。有限责任公司的股东责任限于其对公司的投资额,公司具有独立法人资格,股东对公司债务承担有限责任。

(4)股份有限公司。股份有限公司的股份可以公开发行,可能拥有大量股东,监管更为严格,股东同样仅承担有限责任。

(5)有限合伙企业。有限合伙企业结合了合伙企业和公司的特点,合伙人享有有限责任保护,适合专业服务公司,如律师事务所和会计师事务所。

(6)担保有限公司。担保有限公司是一种由股东按其出资比例分配的有限责任公司,同时对公司的债务承担一定的保证。

(7)分支机构。分支机构是指境外公司在英国的分公司或办事处,不具有独立法人地位,法律责任追溯至境外母公司。

此外,英国还有社区利益公司、信托、慈善组织等企业组织形式。

(三)美国

美国企业形成了以市场机制为基础,以"资本—效率—收益"为核心,以外部人控制(委托—代理制)为主要特征的组织形式。美国的企业组织形式多样,主要包括以下几种:

(1)独资企业。独资企业是最简单的企业形式,由一个人拥有和运营,企业主对企业债务承担无限责任。

(2)合伙企业。合伙企业由两个或两个以上的人共同拥有和运营,合伙人共同承担企业债务和责任。合伙企业又可以细分为普通合伙、有限合伙等。

(3)有限责任公司。有限责任公司结合了合伙企业和公司的特点,成员(类似于股东)享有有限责任保护,且避免了公司层面的双重征税。

(4)C类公司。C类公司是一种独立的法人实体,股东、董事和公司三者分离,股东对公司债务承担有限责任,但可能面临公司和个人层面的双重征税。

(5)S类公司。S类公司是C类公司的一种特殊形式,允许公司利润在纳税之前直接至股东,避免了公司层面的税收,但有股东人数限制和特定的资格要求。

(6)非营利组织。非营利组织以服务公共利益而非营利为主要目的,通常可以享受税收优惠。

(7)有限合伙企业。有限合伙企业由至少一名普通合伙人和一名或多名有限合伙人组成，普通合伙人承担无限责任，有限合伙人的责任限于其投资额。

（8）专业公司。专业公司通常由专业人士如医生、律师、会计师等成立，以提供专业服务。

（9）合资企业。合资企业是两个或多个企业为了某个特定项目或目的而组成的临时性合作企业。

美国的每种企业组织形式都有其特定的法律要求、税务规则、管理结构和责任限制，创业者在选择企业形式时应根据自己的业务需求、风险承受能力和长期发展目标进行综合考虑。

（四）日本

日本的中小企业组织方式亦可划分为公司制（有限会社和株式会社）和非公司制（独资企业和合伙企业）。日本经济发展是建立在私营企业基础上，依据市场机制来分配资源的同时，通过强大的经济规划和工业政策来引导资源的分配，并采用政策性金融等方式来管理宏观经济。其中，以"内部人控制"为核心的委托—代理制度，是新兴资本主义国家中比较典型的一种，最显著的特征就是"内部人"的控制与制约。日本的企业组织形式主要包括以下几种：

（1）株式会社。株式会社是日本最常用的公司形式，类似于股份有限公司。它具有出资人承担有限责任、所有权和经营权分离、公司发行股份等特点。

（2）有限会社。有限会社是一种类似于有限责任公司的组织形式，股东对公司承担有限责任，但相比株式会社，有限会社的规模通常较小，管理结构较为简单。

（3）合同会社。合同会社是一种合伙企业形式，合伙人之间可以是个人或法人，合伙人对公司债务承担有限责任。

（4）合资会社。合资会社是另一种合伙企业形式，合伙人对公司债务承担无限连带责任。

（5）相互会社。相互会社是一种基于成员之间的相互合作和共同利益的企业组织形式。

（6）一般社团法人和公益社团法人。两者都是非营利组织形式，一般社团法人更侧重于一般性的社会活动，而公益社团法人则侧重于公益活动。

（7）特定非营利活动法人。特定非营利活动法人是一种特殊类型的非营利组织，专注于特定的非营利活动，享有税收优惠。

（8）中小企业法人。中小企业法人是为中小企业提供特定支持和优惠的法人形式。

（9）外国公司分支机构。外国公司在日本设立的分支机构或子公司，可以采取上述任何一种形式。

日本的企业组织形式多样，不同的组织形式有不同的法律要求和税收待遇，创业者可以根据自身的规模、目的和需求选择合适的组织形式。

（五）中国

中国的企业组织形式主要包括以下几种：

（1）独资企业。独资企业由个人出资创办，个人对企业债务承担无限责任。

（2）合伙企业。合伙企业由两个或两个以上的合伙人共同出资经营，合伙人对合伙企业债务承担无限连带责任。

（3）有限责任公司。有限责任公司股东对公司承担有限责任，公司以其全部资产对公司债务承担责任。有限责任公司的股东人数有上限限制。

（4）股份有限公司。股份有限公司全部注册资本由等额股份构成，股东以其所认购股份对公司承担有限责任，公司以其全部资产对公司债务承担责任。

（5）个体工商户。个体工商户由个人或家庭经营，对企业债务承担无限责任。

（6）外商投资企业。外商投资企业包括中外合资经营企业、中外合作经营企业、外资企业等，由外国投资者与中国投资者或中国境内的企业共同投资设立或单独投资设立。

（7）国有独资有限公司。国有独资有限公司是指国家以其名义出资设立的公司，国家对公司债务承担有限责任。

（8）集体企业。集体企业由一定范围内的群体共同出资设立，财产归该群体所有，由该群体选举或指定的代表进行经营管理。

这些企业组织形式各有特点和适用条件，创业者在选择组织形式时需要根据自身情况和市场环境综合考虑。我国中小企业的组织形式可以分为公司制和非公司制企业两大类，共计15种，详见表10-2。

表10-2 我国中小企业组织形式一览表

组织形式	具体类型
非公司制	个人独资企业
	个人合伙企业
	个人独资（合伙）企业分支机构
	非公司制法人企业
	非公司制非法人企业
	股份合作制企业
	外国企业常驻代表机构
	企业集团
	个体工商户

续表

组织形式	具体类型
公司制	有限责任公司（含国有独资有限公司）
	股份有限公司
	有限责任公司和股份有限公司的分公司
	未规范老公司
	在华从事经营活动的外国企业
	其他责任形式的外资企业

第二节 新创企业组织形式的选择

国家政策以及法律不断修订和完善，为广大投资者创造了一个稳定有序的投资环境，提供了有利的创业机会。随着经济的不断发展，新创企业应谨慎选择其组织形式，从而避免不恰当的组织方式给公司的发展带来风险。新创企业在选择企业组织形式时，应重点考虑以下关键因素。

一、注册资本

《公司法》第47条规定，有限责任公司的注册资本为在公司登记机关登记的全体股东认缴的出资额。全体股东认缴的出资额由股东按照公司章程的规定自公司成立之日起5年内缴足。法律、行政法规以及国务院决定对有限责任公司注册资本实缴、注册资本最低限额、股东出资期限另有规定的，从其规定。第96条规定，股份有限公司的注册资本为在公司登记机关登记的已发行股份的股本总额。在发起人认购的股份缴足前，不得向他人募集股份。法律、行政法规以及国务院决定对股份有限公司注册资本最低限额另有规定的，从其规定。

二、投资者承担的责任

投资人在不同企业组织形式中承担的债务责任有多大，以及这种责任在何种程度上受到了法律的限制，是投资人对公司组织方式选择的另一个关键因素。根据我国立法，不同企业组织形式承担的责任存在差异。独资企业与普通合伙企业对债务承担无限责任，要以企业资产和个人财产承担债务。一定条件下，特殊合伙企业的部分合伙人承担有限责任。公司制企业则以相应的出资额对公司债务承担有限责任。显然，与独资、合伙等无限责任相比较，公司的有限责任制对投资者而言具有很大的优越性。在初创阶段，投资人因资金约束而被迫选择独资或合伙经营，但出于风险控制和风险规避等原因，投资人往往会在适当的时候将公司的组织形式转变为公司。

三、企业的融资能力

在公司创立早期，因为新创企业进入的行业和经营的领域都不一样，所以对于资金的需求也会有很大的区别。当公司迈向了成熟期，公司的投入越来越多，投资者对公司的利润要求也越来越高，公司的资金需求大幅度增长。不同企业组织形式的融资能力有所差异。比较而言，获得资金的数量和能力从小到大的顺序为：独资企业、普通合伙企业、有限合伙企业、公司制企业。公司制企业获取资金的数量和能力最强。

四、企业经营管理成本

与公司比较，独资、合伙企业具有结构简单、易于管理、管理费用低廉、决策速度快等诸多优势。独资企业的所有权和经营权合二为一，不会出现因为委托—代理关系而产生的机会主义问题；合伙企业中的合伙人则根据各自出资额的多少享有相应的所有权和经营权，他们彼此都有自己的职责，有可能出现因为委托—代理关系而产生的机会主义问题；在公司型企业中，因企业规模不断增大，企业所有者必须将一部分或相当多的经营权交给经理，很可能出现因为委托—代理关系而产生的机会主义问题。企业一般为了避免或缓解该问题带来的消极后果，会加强对企业的监督和治理，这加大了企业的监管成本。

五、税务负担

无论企业采用哪一种法人形式，在增值税、营业税等流动税种及税率方面均可享有同等的税收待遇。但在所得税率方面存在明显差异，个人独资企业、合伙企业属于非法人单位，其所得不需缴纳企业所得税，只需向投资者代扣代缴个人所得税；而有限责任公司和股份有限公司除了需要缴纳企业所得税外，股东还要缴纳个人所得税。由此可见，公司制企业的股东实际负担的税率大大超过了独资与合伙企业。

中小企业选择组织方式本质上是在资本制度、债务风险、融资能力、管理成本、税务负担等方面进行权衡与选择。假如企业的规模不大,资金不雄厚,出于对税务负担和管理成本的考虑,独资企业是更适合投资者的选择;如果合伙企业的运营情况不好,或者由于某些人的退伙或者为了控制成本,该企业可改设为独资企业;当独资、合伙经营达到某一程度时,为了更高效筹集资金和更好控制企业风险,可以考虑将企业改为公司制;假如投资者的资金雄厚、更加关注风险,企业的产业规模较大,则更倾向于选择公司型企业。

六、不同类型企业组织形式对比

企业制度经过长期演化,先后形成了独资企业、合伙企业和公司制企业三种形式。这三种企业形式依次递进,呈现出既有区别又有联系的过程。组织形式在企业发展的各个阶段都发挥着重要作用,企业在发展过程中,随着规模的扩大,所采用的不同组织形式发展轨迹如图10-2所示。

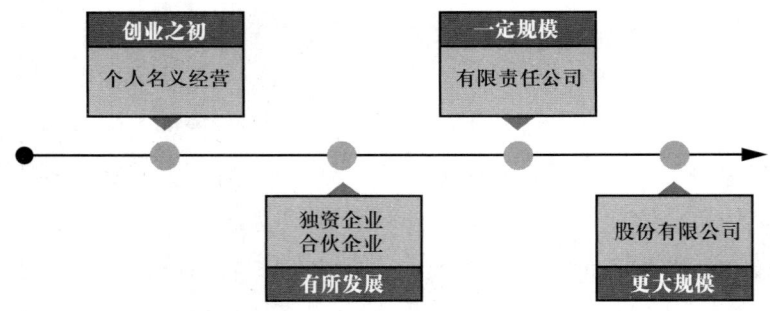

图 10-2 企业组织形式发展进程图

独资企业、合伙企业和公司制企业在法律身份、责任承担、税务负担、资产归属等方面存在差异,表10-3即为三者的对比表。此外,表10-4列举了这三种企业组织形式的具体适用情况。

表 10-3 独资企业、合伙企业和公司制企业对比表

对比项	独资企业	合伙企业	公司制企业
法律身份	非独立法人	非独立法人	独立法人
责任承担	个人承担无限连带责任	合伙人按比例承担无限连带责任	股东承担有限责任
税务负担	个人所得税	个人合伙人缴纳个人所得税	企业缴纳企业所得税 股东缴纳个人所得税
资产归属	个人所有	合伙人按比例所有	公司所有

表10-4 不同类型企业组织形式适用情况表

企业组织形式		属性	适用情况
公司制企业	有限责任公司	由1个以上50个以下的股东出资设立，每个股东以其所认缴的出资额对公司承担有限责任，公司法人以其全部资产对公司债务承担全部责任的经济组织	适用于创业型企业，大多数投融资方案等均以有限责任公司为基础
	股份有限公司	1人以上200人以下为发起人，其总资金为等额股权，股东按各自持有的份额对公司负责	适用于成熟的大型企业，但其成立过程比较苛刻、复杂，对新创企业及中小型企业不太适用
合伙企业	普通合伙	普通合伙人对合伙企业债务承担无限连带责任	普通合伙有其独特优势，一般企业规模不大、资金不雄厚的可考虑
	有限合伙	有限合伙人以其认缴的出资额为限对合伙企业债务承担有限责任；普通合伙人对合伙企业债务承担无限连带责任	适合创业投资基金、企业股权激励平台
独资企业	外商独资公司	外国个人、公司、企业或其他经济组织，在中国境内按照中国法律成立的，拥有全部资金的外商独资企业	外商独资企业的设立程序比较复杂、严格
	个人独资企业	由个人出资经营，归个人所有或控制，承担经营风险，享受经营收益的事业，对公司的债务承担无限的赔偿责任	适合个体小作坊，小餐厅等，多用于一些有特别要求的单位，如××中心、××部门

从表10-3和表10-4可以看出，有限责任公司是最适合创业公司的一种商业形式。第一，有限责任公司的股东仅须按其认缴的出资承担有限责任，这从法律上将公司与个人的财产隔离开来，也能防止企业家承受不应有的经济风险。第二，有限责任公司具有经营费用低廉、组织结构简单等特点，适于公司初期发展阶段。第三，有限责任公司在投资人视角更受欢迎。

第三节 新创企业的注册流程

一、企业注册办理条件

独资企业、合伙企业和公司制企业的注册办理条件各不相同，表10-5为不同类型企业注册办理条件的总结。

表 10-5 不同类型企业注册办理条件

企业类型		办理条件
独资企业	个体工商户	对注册资金实行申报制,没有最低限额基本要求 (1)有经营能力的城镇待业人员、农村村民以及国家政策允许的其他人员,可以申请从事个体工商业经营; (2)申请人必须具备与经营项目相应的资金、经营场地、经营能力及业务技术
	个人独资企业	对注册资金实行申报制,没有最低限额基本要求 (1)投资人为1个自然人; (2)有合法的企业名称; (3)有投资人申报的出资; (4)有固定的生产经营场所和必要的生产经营条件; (5)有必要的从业人员
合伙企业	普通合伙企业	(1)两个或更多的合伙人,对合伙企业承担无限责任; (2)一份书面的合伙协议; (3)每一位合伙人均已实际缴纳了相应的资金; (4)企业名字; (5)具备营业地点及进行合作所必需的条件; (6)合伙人必须具有完全民事行为能力; (7)法律法规规定禁止从事营利活动的人员不得参加
	有限合伙企业	专业知识和专门技能的专业服务机构 (1)合伙人不少于2人且不超过50人; (2)至少应有1名普通合伙人
公司制企业	一人有限责任公司	(1)股东为1个自然人或1个法人; (2)1个自然人只能注册1个一人有限公司; (3)一人有限公司注册资金须一次缴足
	有限责任公司	(1)股东的人数不超过50人; (2)根据本公司章程,所有股东均已认缴出资数额; (3)公司章程由股东共同制订; (4)具有法人名义,并设立了满足有限责任公司的组织结构; (5)具有公司住所
	股份有限责任公司	(1)公司发起人满足1人以上200人以下的人数要求; (2)根据公司章程,由全体发起人按本公司章程所规定的总出资额认购或者已筹集到认缴资本总额; (3)符合法定要求的股份发行和筹备工作; (4)发起人制定公司章程,以募集形式成立者,应由股东大会批准; (5)具有企业名称,并设立了满足股份有限公司的组织结构; (6)具有公司住所

二、新创企业注册需要准备的材料

（一）独资企业注册准备的材料
（1）《个人独资企业登记（备案）申请书》。
（2）投资人主体资格证明（居民身份证及其复印件）。
（3）投资人指定的委托代理人的委托书和资格证明（居民身份证及其复印件）。
（4）主要经营场所证明。
（5）《名称预先核准通知书》。
（6）国家市场监督管理总局规定提交的其他文件。
（二）合伙企业注册准备的材料
（1）《合伙企业登记（备案）申请书》。
（2）全体合伙人的主体资格证明（居民身份证复印件、营业执照副本复印件、事业法人登记证书复印件、社团法人登记证复印件、民办非企业单位证书复印件）。
（3）全体合伙人指定的代表或者共同委托的代理人的委托书。
（4）全体合伙人签署的合伙协议。
（5）全体合伙人签署的对各合伙人缴付出资的确认书。
（6）主要经营场所证明（合伙企业主要经营场所只能有一个，并且应当在其企业登记机关登记管辖区域内）。
（7）全体合伙人签署的委托执行事务合伙人的委托书；执行事务合伙人是法人或其他组织的，还应当提交其委派代表的委托书和身份证明复印件。
（8）以非货币形式出资的，提交全体合伙人签署的协商作价确认书或者经全体合伙人委托的法定评估机构出具的评估作价证明。
（9）从事法律、行政法规或者国务院决定规定在登记前须经批准的经营项目，须提交有关批准文件。
（10）法律、行政法规规定设立特殊的普通合伙企业需要提交合伙人的职业资格证明的，提交相应证明。
（11）国家市场监督管理总局规定提交的其他文件。
（三）公司制企业注册准备的材料
（1）公司法定代表人签署的《公司设立登记申请书》。
（2）全体股东签署的公司章程。
（3）法人股东资格证明或者自然人股东身份证及其复印件。
（4）董事、监事和经理的任职文件及身份证复印件。
（5）指定代表或委托代理人证明。

（6）代理人身份证及复印件。

（7）住所使用证明。

三、新创企业的注册流程

注册新创企业，应按照规定履行相应程序，具体流程大致可分为：核准名称、提交材料、领取执照、刻章等，如图10-3所示。不过，要想真正开展业务，还须办理如下手续：银行开户、纳税登记、申领税控、领购发票、社保开户等。

独资企业作为一种传统的企业组织形式，在很多国家都不要求在政府部门登记，如卖菜的小商贩是合法的独资企业。只在一些特殊行业或有特殊目的时，才要求独资企业进行登记注册。例如，为了避免品牌商标的纠纷，法律要求企业所有者可以用自己的名字作为公司的招牌（如"李四的餐厅"）进行注册登记；另外，为了执法便利性，政府往往会对特定类型的公司（如餐厅等）有登记注册的要求。

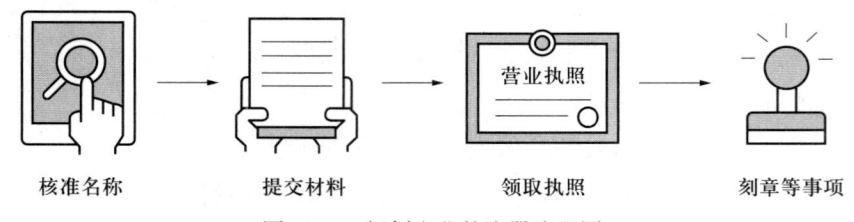

图10-3 新创企业的注册流程图

（一）核准名称

企业名称一般按企业类型、注册资金、股东（投资人）所占的股权比例进行确认。企业类型可按投资方式和责任形式等选择独资企业、合伙企业和公司制企业。以有限责任公司为例，注册资本是指企业所有股东向企业投入的全部资金。为减轻公司在设立过程中的财务压力，法律规定，实行注册资本认缴制，公司并不一定要一次性付清注册资本，只需在5年内完成。公司注册资本并不是越大越好，要参考所在行业资质要求，设定一个合理的注册资本，避免承担过大的风险或责任。对于大部分创业者来说，企业成立之初，股东人数不宜过多，以免造成权力分散。针对初创团队的核心成员，可采用"代持股协议"，不将其列入工商登记的股东名册，这样既能保证职工的利益，又能简化企业的股本结构。

在以上操作完成和企业名称确定的前提下，即可到市场监督管理部门进行实地或网上申报。先领取一份《企业（字号）名称预核准表》，填好企业名称。企业取名时，应先在"国家企业信用信息公示系统"上查询是否被注册过，确保没有重名。如无同名，则可采用该名称，并发给《企业名称预批准通知书》。

企业注册时，常采用的名称有三种格式：区域+品牌名称+行业+机构类型，如北京某某资讯科技有限公司；品牌名称+（区域）+行业+机构类型，如某某网（北京）资讯科技有限公司；品牌名称+产业+（区域）+机构类型，如某某资讯科技（北京）有限公司。

（二）提交材料

企业名称核准通过后，需要通过线上提交预申请，其中填写和确认的信息包括企业的注册地址、高管信息、经营范围等。预审通过后，根据预约的时间去市场监督管理局递交申请材料，审核通过后会收到准予设立登记通知书。

企业的登记注册地址即为营业执照上的"住址"，这个住址在每个城市有不同的规定，需要按照当地市场监督管理局的要求登记。常见的可作为企业住址的情形包括：仅允许商铺、写字楼等商业物业（如北京）、允许居民住宅（如深圳和广州等沿海地区）和介于两者之间的住址（如上海）。需要注意的是，虽然企业的登记注册地址并非不可变更，但是由于跨区域变更存在诸多麻烦（如税务变更），所以需要谨慎填写和确认注册地址。对于初创企业而言，一般资金比较紧张，注册地址可以选择当地的创业孵化中心。

企业的高管一般是指登记在市场监督管理局的核心创始人或大股东等，包括董事、董事长、执行董事、法定代表人和监事。董事会负责企业业务经营的计划、组织、协调、指挥与管理等活动，一般执行董事或经理担任企业的法定代表人，而企业监事不能由董事或经理来兼任，必须在股东大会上选出单独的人选担任。

企业的经营范围表明生产经营方向和业务活动内容，是指企业能够从事的生产经营和服务，是企业法律规定上有权从事的范围。如果是第一次注册，不清楚该怎么决定业务范围，可以参照同行企业。

（三）领取执照

在企业收到准予设立登记通知书后，携带办理人身份证原件，就可以在当天预约营业执照，大概3个工作日后可到市场监督管理局领取营业执照正、副本。

（四）刻章等事项

（1）刻章。凭营业执照，到当地公安局指定的刻章社，去刻公章、发票章、财务章、法人代表章等。

（2）办理组织机构代码证。凭营业执照到技术监督局办理组织机构代码证。

（3）办税务登记证。到当地税务局申请领取税务登记证。办理税务登记，应提交以下材料：营业执照；有关合同、章程、协议书；组织机构统一代码证书；法定代表人或负责人的居民身份证等合法证件；其他材料。

（4）开基本户（纳税户）。凭营业执照、组织机构代码证，去银行开立基本账号。

（5）申请领购发票。按照相关要求去税务局申领发票。

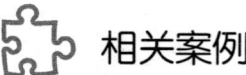相关案例

广东省企业注册流程案例——"开办企业一窗受理"系统

广东省推出"开办企业一窗受理"系统,将各有关部门的信息共享链打通,构建以营业执照统一社会信用代码为标志的联动机制,缩短企业注册登记周期,为广东省构建"数字政府"做出了积极贡献。

新创企业可以通过广东省政务服务网上的"开办企业一窗受理"系统,按程序要求填写相关的申请并完成工商注册登记,系统还可以完成提交刻章、申领发票等业务,另外,利用"互联网+"技术,实现了公安、税务等部门联合协同办公,使相关业务操作均能并联办理。系统可以为创业者提供"一站式"的注册服务,极大地压缩了广东省企业注册登记所需的时间,企业登记注册整个流程只需要5个工作日(详见表10-6),并且可以即时了解企业登记注册的进度,达到全程追踪服务的目的。

表10-6 广东省企业注册登记流程表

流程环节	涉及部门	提交材料/具体内容	所需时长
注册登记	市场监督管理部门	多种方式可选: 一是全程电子化注册(无需递交纸质材料); 二是前台综合受理窗口登记: 须提交如下材料: (1)工商设立登记申请书; (2)公司章程; (3)证明股东主体资格或自然人身份的相关证明材料; (4)公司的董事、监事以及法人代表、经理等的任命材料及个人身份认证材料; (5)住所使用证明; (6)《企业名称预先核准通知书》	3个工作日
申请刻章	公安部门	系统自动推送数据共享	0.5个工作日
申领发票	税务部门	系统自动推送数据共享	2个工作日内
银行开户	银行	系统自动推送数据共享	7个工作日内

拓展启示

百舸争流勇当先

大众创业是广大人民群众积极参与创业创新活动的一种发展趋势。鼓励学生的创业精神，鼓励他们勇于创新、敢于冒险，以及乐于面对挑战和失败。通过学习成功创业者的案例和经验，学生可以了解到创业的意义、成功的要素以及创业者所需具备的素质。

大众创业体现了年轻人社会责任和可持续发展的观念。创业应该注重社会效益、环境保护以及与社会各界的合作与共赢。要将商业成功与社会价值相结合，以实现可持续的创业模式。创业能力、创新意识和社会责任感是当代大学生的使命，当代大学生应更好适应和应对新时代的挑战，为社会的发展和进步作出贡献。

参考文献

[1] 蒋卫明，陈姚，彭翊，等．创业训练实践［M］．北京：中国人民大学出版社，2021．

[2] 张祖涛，罗大兵，潘亚嘉．大学生创新与创业实践［M］．北京：高等教育出版社，2022．

[3] 滕泰，张海冰．创造新需求［M］．北京：中信出版社，2021．

[4] 唐仁敏．建设大众创业万众创新示范基地 推动创新创业创造走深走实［J］．中国经贸导刊，2020（16）：24-26．

[5] 黄亚生，张世伟，余典范，等．MIT的创业课——麻省理工模式对中国创新创业的启示［M］．北京：中信出版社，2015．

[6] 杨宝仁，王晶．"互联网＋"环境下大学生创新创业教育研究［M］．北京：中国纺织出版社，2022．

[7] 李笑来．斯坦福大学创业成长课［M］．天津：天津人民出版社，2016．

[8] 王爱文．高校创新创业教育发展动力机制研究［M］．广州：中山大学出版社，2019．

[9] 孙石群．双创时代大学生创新创业教育的融合发展研究［M］．北京：中国水利水电出版社，2019．

[10] 向东春，肖云龙．美国百森创业教育的特点及其启示［J］．现代大学教育，2003（02）：79-82．

[11] 宋之帅，王章豹．我国创新创业教育生态系统演进历程与发展趋势［J］．中国高等教育，2020（02）：38-39．

[12] 王丽娟，吕际云．学习借鉴熊彼特创新创业思想的中国路径研究［J］．江苏社会科学，2014（06）：267-271．

[13] 倪星，薛天乐，马珍妙．创新创业、政府扶持与地区经济增长——基于

广东省21个地级以上市面板数据的分析［J］. 学术研究, 2020（08）: 50-58.

［14］李宏彬, 李杏, 姚先国, 等. 企业家的创业与创新精神对中国经济增长的影响［J］. 经济研究, 2009, 44（10）: 99-108.

［15］STEPHENS H M, PARTRIDGE M D, FAGGIAN A.Innovation, Entrepreneurship and Economic Growth in Lagging Regions[J]. Journal of Regional Science, 2013, 53(5): 778-812.

［16］ANIL RUPASINGHA, STEPHAN GOETZ. Self-Employment and Local Economic Performance: Evidence from US Counties[J]. Papers in Regional Science, 2013, 92: 141-161.

［17］AUDRETSCH D B. Entrepreneurship Capital and Economic Growth[J]. Oxford Review of Economic Policy, 2007, 23(01): 63-78.

［18］柳卸林, 葛爽. 探究20年来中国经济增长创新驱动的内在机制——基于新熊彼特增长理论的视角［J］. 科学学与科学技术管理, 2018, 39（11）: 3-18.

［19］肖喜明. 国外创新创业教育的历程趋势及其启示借鉴［J］. 广东技术师范学院学报, 2018, 39（03）: 68-73.

［20］梅伟惠. 创业人才培养新视域: 全校性创业教育理论与实践［J］. 教育研究, 2012, 33（06）: 144-149.

［21］谭开航. 资阳市企业登记注册流程优化案例研究［D］. 成都: 电子科技大学, 2022.

［22］郑华, 王朗豫, 龚珺. 科创板企业组织形式的选择: 挑战与变革［J］. 新疆社会科学, 2020（01）: 52-59.

［23］赖卓燕. "互联网+"背景下广东省企业注册登记的政务服务创新研究［D］. 广州: 华南理工大学, 2019.

［24］范丽萍, 张田雨, 于戈, 等. 中东欧16国外资企业注册审批政策及流程概览［J］. 世界农业, 2015（11）: 242-250.

［25］贺宏. 小微企业组织形式及其所得税政策之优化［J］. 税务研究, 2015（05）: 28-31.

［26］曹浩波. 企业注册登记业务流程再造研究——以昌邑市工商局为例［D］. 青岛: 青岛科技大学, 2015.

［27］周游. 企业组织形式变迁的理性逻辑［J］. 政法论坛, 2014, 32（01）: 73-83.

［28］程锦. 外贸企业注册流程及创业意义探讨——以济南舸乐博贸易有限责任公司为例［J］. 现代商贸工业, 2014（01）: 88-89.

［29］甘培忠, 周游. 论当代企业组织形式变迁的趋同与整合——以国家需求

与私人创新的契合为轴心［J］. 法学评论，2013，31（06）：68-74.

［30］杨莹. 基于Petri网的企业注册行政审批流程再造研究［D］. 秦皇岛：燕山大学，2012.

［31］徐君. 社会企业组织形式的多元化安排：美国的实践及启示［J］. 中国行政管理，2012（10）：91-94.

［32］王玉茹，赵劲松. 亲族关系与近代企业组织形式——交易费用解释框架［J］. 山西大学学报（哲学社会科学版），2010，33（03）：45-50.

［33］刘开，刘媛媛，吕强. 基于技术创新的企业组织形式分析［J］. 技术与创新管理，2009，30（04）：417-420.

［34］张昭俊，王秀丽. 论人力资本视角下企业本质之把握与未来企业组织演进形式［J］. 现代财经-天津财经大学学报，2009，29（05）：38-42.

［35］隋广军，陈和. 产业演进下的企业组织的形式及抉择［J］. 国际经贸探索，2007（01）：30-35.

［36］张敏. 网络经济时代的企业组织形式：动态联盟［J］. 情报杂志，2006（09）：81-83.

［37］张秀英. 创业者选择哪种企业组织形式？——一人有限责任公司与个人独资企业的对比分析［J］. 经济管理，2006（11）：43-46.

［38］郭丹. 美国中小企业组织形式对我国民营企业的借鉴意义［J］. 南京社会科学，2005（S1）：483-487.

［39］王宗坑. 构建具有国际竞争力的企业组织形式的思考［J］. 生产力研究，2004（01）：163-165.

［40］于立，孟韬. 乡镇企业组织形式演变的规律与问题［J］. 中国经济问题，2003（04）：29-37.

［41］田光. 企业组织形式的选择［J］. 生产力研究，2001（04）：93-94.

［42］陈守明. 小企业网络——一种新型的企业组织形式［J］. 管理现代化，2000（01）：30-31.

［43］刘晓凤，文争为. 企业组织形式的变迁与股份制［J］. 经济体制改革，1998（S2）：108-111.

［44］王舰兵. 我国中小企业组织形式研究［D］. 江苏：江苏大学，2005.

［45］李家华，郭朝晖，何志华，等. 大学生创新创业基础［M］. 北京：高等教育出版社，2020.

［46］孙洪义. 创新创业基础［M］. 北京：机械工业出版社，2016.

［47］张德山. 大学生创业教育——创业案例分析［M］. 江苏：江苏大学出版社，2020.

［48］卢卫平．贵州资本市场融资问题及对策研究——以贵州证券市场融资为例［D］．贵阳：贵州大学，2008．

［49］唐德淼．创业企业融资及风投选择［J］．投资与创业，2022，33（08）：26-28．

［50］朱磊．创业企业发展与资源需求［D］．上海：上海外国语大学，2007．

［51］王卫东，黄丽萍．大学生创业基础［M］．北京：清华大学出版社，2015．

［52］保罗·弗赖伯格，迈克尔·斯韦因．硅谷之火——人与计算机的未来［M］．张华伟，译．北京：中国华侨出版社，2014．

［53］郑秀杰，董丽英．中小企业创业融资新渠道探索—天使投资［J］．生产力研究，2007．

［54］史蒂夫·布兰克，鲍勃·多夫．创业者手册：教你如何构建伟大的企业［M］．新华都商学院，译．北京：机械工业出版社，2013．

［55］金海燕，白巍．引爆网上创业［M］．杭州：浙江大学出版社，2013．

［56］熊定中，杨一星．公司法务：定位、方法与操作［M］．北京：中国民主法制出版社，2023．

［57］中国人民大学律师学院．企业法律风险管理律师实务［M］．北京：法律出版社，2014．

［58］陶光辉．公司法务部——揭开公司法务的面纱：第2版［M］．北京：法律出版社，2022．

［59］张海燕．合同审查——思维体系与实务技能［M］．北京：中国法制出版社，2020．

［60］王迁．知识产权法教程：第7版［M］．北京：中国人民大学出版社，2021．

［61］李肖鸣．大学生创业基础：第4版［M］．北京：清华大学出版社，2018．

［62］薛红燕，徐平，王成，等．当代大学生创业风险及防范研究［J］．互联网周刊，2023（04）：71-73．

［63］朱文玉，张守成．大学生创新创业知识产权教育体系探究［J］．黑龙江教师发展学院学报，2022，41（10）：1-5．

［64］郝家宝．创新创业背景下大学生知识产权素养教育的实践探索与思考［J］．创新创业理论研究与实践，2022，5（11）：105-108．

［65］李利威．一本书看透股权架构［M］．北京：机械工业出版社，2019．

［66］周万里．企业合规讲义：第2版［M］．北京：中国法制出版社，2022．

［67］桂曙光，陈昊阳．股权融资：创业与风险投资［M］．北京：机械工业出版社，2019．

［68］黄胜忠，健君. 公司法务管理概论［M］. 北京：知识产权出版社，2016.

［69］COSO. 企业风险管理——整合框架［M］. 方红星，王宏，译. 大连：东北财经大学出版社，2017.

［70］叶小忠. 中国企业法务观察（第7辑）［M］. 北京：法律出版社，2023.

附录：创新创业相关网站 >>>

创新创业相关网站

郑重声明

高等教育出版社依法对本书享有专有出版权。任何未经许可的复制、销售行为均违反《中华人民共和国著作权法》，其行为人将承担相应的民事责任和行政责任；构成犯罪的，将被依法追究刑事责任。为了维护市场秩序，保护读者的合法权益，避免读者误用盗版书造成不良后果，我社将配合行政执法部门和司法机关对违法犯罪的单位和个人进行严厉打击。社会各界人士如发现上述侵权行为，希望及时举报，我社将奖励举报有功人员。

反盗版举报电话　（010）58581999　58582371
反盗版举报邮箱　dd@hep.com.cn
通信地址　　　　北京市西城区德外大街4号
　　　　　　　　高等教育出版社知识产权与法律事务部
邮政编码　　　　100120

读者意见反馈

为收集对教材的意见建议，进一步完善教材编写并做好服务工作，读者可将对本教材的意见建议通过如下渠道反馈至我社。

咨询电话　400-810-0598
反馈邮箱　gjdzfwb@pub.hep.cn
通信地址　北京市朝阳区惠新东街4号富盛大厦1座
　　　　　高等教育出版社总编辑办公室
邮政编码　100029